MOBIL & AKTIV ERLEBEN

WOHNMOBIL-REISEFÜHRER

Baltische Staaten: Lettland

Tipps für Ihre Reise
aus der Praxis, für die Praxis

Johannes Hünerfeld
MOBIL & AKTIV ERLEBEN
WOHNMOBIL-REISEFÜHRER

Eduard-Trabold-Straße 6
D-79183 Waldkirch-Kollnau

Tel. +49(0)7681/4 92 77 18
Fax +49(0)7681/4 92 77 19
mailto:verlag@mobil-und-aktiv-erleben.de

www.mobil-und-aktiv-erleben.de

DER AUTOR: JOHANNES HÜNERFELD

Der gelernte Bankfachwirt und langjährige, erfolgreiche Autor mehrerer Wohnmobil-Reiseführer wurde am 15.5.1963 in Freiburg im Breisgau geboren.

Er wuchs in Kollnau im Elztal auf und lebt heute mit seiner Familie wieder in seinem Heimatort.

Seit Anfang der 1990er Jahre sind er und seine Frau passionierte Wohnmobilbesitzer und konnten über lange Zeit umfassende Eindrücke auf Reisen sammeln.

Mit Begeisterung und dieser Erfahrung hat der Autor seit 2001 erfolgreiche Wohnmobil-Reiseführer erstellt und hierfür viel Anerkennung erhalten. Hierdurch hat er sich ein breites Wissen über die Belange des Wohnmobil-Tourismus, die Wünsche und Bedürfnisse der Leser wie auch der Stellplatzbetreiber angeeignet.

TITELBILD:

Camping- und Stellplatz Ežermalas44 bei Alūksne im Nordosten Lettlands

DRUCK:

Omniprint GmbH, Gewerbestraße 106, 79194 Gundelfingen

GRAFISCHES KONZEPT:

bente :: werbung + design, Kapellenweg 12, 79100 Freiburg

KARTOGRAFIE:

AS Regio Ltd. | Riia 24 | Tartu 51010 | ESTONIA

HERAUSGEBER, SATZ UND PRODUKTION, FOTOGRAFIE:

Johannes Hünerfeld
MOBIL & AKTIV ERLEBEN
WOHNMOBIL-REISEFÜHRER
Eduard-Trabold-Straße 6
D-79183 Waldkirch-Kollnau
Tel. **+49(0)7681/4 92 77 18**
Fax **+49(0)7681/4 92 77 19**
mailto:verlag@mobil-und-aktiv-erleben.de
Homepage: www.mobil-und-aktiv-erleben.de

(Aufnahmen anderer Fotografen sind entsprechend gekennzeichnet).

ISBN 978-3-943759-12-9

BIBLIOGRAFISCHE INFORMATION DER DEUTSCHEN NATIONALBIBLIOTHEK

Die Deutsche Nationalbibliothek verzeichnet diese Publikation in der Deutschen Nationalbibliografie; detaillierte bibliografische Daten sind im Internet über http://dnb.dnb.de abrufbar.

Zur Einstimmung

Herzlich willkommen in Lettland!

Das lettische Fremdenverkehrsamt schreibt auf seiner Homepage, man könne sich in Lettland ohne besondere Aufregung und Risiko sowohl auf dem Lande als auch in der Stadt erholen. Das ist völlig richtig, denn Sie reisen in ein gastfreundliches Land, das seit 2004 Teil der EU ist und in dem Sie mit dem gewohnten Euro bezahlen können.

Dennoch ist es nur die halbe Wahrheit, denn eine besondere Aufregung resultiert aus einer Reise nach Lettland auf alle Fälle. Endlose, herrliche Sandstrände und Dünen, verträumte Dörfer und Städte mit imposanten Schlössern und Burgen, die Metropole Rīga als Hauptstadt des Landes und zugleich des Jugendstils, dazu die aufregende Natur mit schönen Wäldern, Seen und Sümpfen und einer intakten Tier- und Pflanzenwelt.

Die Mischung all dieser Zutaten ergibt die Grundlage für eine (allerdings im sehr positiven Sinne) sehr aufregende Reise!

Lernen Sie Lettland auch auf einem kulinarischen Streifzug kennen. Gerade auf dem Land finden Sie zahlreiche gemütliche Gasthöfe, in denen die regionale Küche gepflegt wird.

Mit diesem Buch möchte ich Sie auch ermuntern, sich nicht auf die Küstenregion zu beschränken und auch nicht nur einfach und schnell auf der Via Baltica zu reisen.

Gerade die dünn besiedelten Landstriche im Landesinneren vermitteln einen guten Eindruck von der Vielfalt Lettlands als Reiseland mit dem Wohnmobil. So lade ich Sie auf eine Entdeckungsreise ein, auf der Sie eindrucksvolle Schlösser wie Pilsrundāle kennenlernen, dazu Kirchen und Klöster wie in Aglona oder Krāslava, sowie mystische, von Sagen und Geschichten für Groß und Klein umrankte Orte wie Tērvete, interessante Eisenbahnstrecken wie in Gulbene und Alūksne. Selbstverständlich gehören aber auch die Traumsandstrände und Rīga dazu. Und damit wünsche ich eine gute, erlebnisreiche Reise!

Ihr

Johannes Hünerfeld

Inhaltsverzeichnis

INHALT

LIEBE LESERINNEN UND LESER,

Mit diesem Wohnmobil-Reiseführer der Reihe „MOBIL & AKTIV ERLEBEN" richten wir uns an all diejenigen, die sich gerne in der Natur aufhalten, sich dort sportlich aktiv betätigen und zugleich die regionale Kultur erleben möchten. Mit unseren Routen- und Ausflugsvorschlägen sowie mit den Stellplatztipps treffen wir sicherlich auch Ihren Geschmack.

Beachten Sie bitte, dass sämtliche Informationen in diesem Buch gewissenhaft und teils mehrfach vom Autoren vor Ort recherchiert worden sind. Doch kann nicht ganz ausgeschlossen werden, dass bei der Recherche oder bei der Umsetzung im Buch etwas übersehen, vergessen oder falsch wiedergegeben wurde. Wir haben keinen Einfluss auf spätere Veränderungen der jeweiligen Gegebenheiten vor Ort, die beispielsweise vom Wetter, veränderter Rechtssituation, Verbotsschildern etc. und anderen Rahmenbedingungen beeinflusst werden.

Verlag und Autor übernehmen keine Verantwortung für die Rechtmäßigkeit, Richtigkeit und Vollständigkeit der Angaben im Buch. Die Haftung ist ausgeschlossen, sofern ein Schaden nicht auf Vorsatz oder grobe Fahrlässigkeit zurückgeführt werden kann.

Haben Sie doch einmal Anlass zur Kritik, Vorschläge für Ergänzungen oder Korrekturhinweise, informieren Sie uns bitte. Mit Ihren Änderungsvorschlägen sowie Anregungen zu Inhalt und Gestaltung helfen Sie uns, die Wohnmobil-Reiseführer aus der Reihe MOBIL & AKTIV ERLEBEN aktuell zu halten und weiter zu verbessern.

Bitte lassen Sie uns mit konkreter Angabe von Buchtitel, Auflage und Seitenzahl wissen, welche Hinweise und Vorschläge Sie uns geben möchten. Sie erreichen uns auf dem Postweg (Adresse siehe Einleitung). Noch einfacher ist es, wenn Sie uns eine eMail an verlag@mobil-und-aktiv-erleben.de schicken oder das Kontaktformular auf der Website nutzen.

Zum Gebrauch des Buches

Bevor Sie sich mit der Lektüre der vier Routen befassen, möchte ich ein paar Hinweise in eigener Sache vorausschicken und diese mit einigen grundlegenden Informationen zum Verständnis der Stellplatz- und Routenvorschläge dieses Buches verbinden.

Sie haben sich mit dem Kauf dieses Buches für einen Wohnmobil-Reiseführer entschieden, der sich mit einem wunderschönen Reiseland befasst: Lettland.

Dieser Wohnmobil-Reiseführer ist eines von drei Büchern, die sich mit den baltischen Staaten befassen, die Anfang der 90er Jahre den Weg in die Unabhängigkeit gesucht und gefunden haben. Mittlerweile sind diese drei Länder auch mitten in Europa angekommen, indem sie seit 2004 Mitglieder der Europäischen Union wurden. Als 18. Mitglied der Eurozone führte Lettland am 1. Januar 2014 die europäische Gemeinschaftswährung ein, was uns natürlich auch das Reisen einfacher macht.

Dieser Wohnmobil-Reiseführer zeigt Ihnen, dass Lettland so viele schöne Plätze und Sehenswürdigkeiten bietet, überdies zahlreiche Camping- und freie Stellplätze an den herrlichen Sandstränden der Ostsee, aber auch im Binnenland.

Mit dem Begriff „Reise ins Baltikum" wird man dem eigenständigen Charakter, der Kultur und Geschichte der drei baltischen Staaten nicht gerecht. Lettland schaut auf eine wechselvolle Geschichte zurück, die über Jahrhunderte hinweg eng mit der deutschen Vergangenheit verflochten ist. Viele der schönsten Städte gehörten der Hanse an. Burgen und Schlösser nebst herrlichen, alten Parks finden Sie im ganzen Land zahlreich. Nicht zuletzt wird die traditionelle lettische Küche gepflegt. So war es konsequent, jedem der drei baltischen Staaten ein eigenes Buch zu widmen.

Mit den parallel erscheinenden Nachbarbüchern über Litauen und Estland können Sie die Vorschläge dieses Buches problemlos verknüpfen. Schließlich besuchen viele Touristen „das Baltikum" im Rahmen einer längeren Reise, vielleicht auf dem Weg in Richtung oder aus Finnland oder um die Ostsee. Eine Übersicht über die mobil & aktiv erleben Wohnmobil-Reiseführer finden sie unter www.mobil-und-aktiv-erleben.de.

HINWEISE

Sämtliche Beschreibungen und Vorschläge für Ihre Reise durch Lettland sind auf Grundlage mehrerer Reisen gewissenhaft erstellt worden. Es handelt sich um eine subjektive Schilderung der Reiseerfahrungen des Autoren, die zum Teil gemeinsam mit der Familie und teils mit Freunden gesammelt wurden.

Die Stellplatz- und Ausflugstipps wurden persönlich, oft mehrfach, recherchiert und die Parkplätze auf die Wohnmobiltauglichkeit hin beurteilt. Sofern es sich um Privatgrund handelt, wurde die Beschreibung im Buch mit den Eigentümern besprochen. Doch ist selbstverständlich nie ganz auszuschließen, dass sich im Lauf der Zeit Veränderungen ergeben, die eine Nutzung der Stellplätze einschränken oder verbieten. Hierfür kann der Autor keine Gewähr übernehmen, ebenso wenig wie für die Rechtmäßigkeit der Hinweise und Tipps, auch wenn bei der Recherche stets größtmögliche Sorgfalt gegeben war.

Bitte verstehen Sie die Stellplatztipps nie als Rechtfertigung, auf Privatgrund ohne Rücksprache mit den Eigentümern zu parken, schon gar nicht über Nacht. Es ist eine Selbstverständlichkeit, bei Restaurants oder anderen privaten Stellplätzen, die hier beschrieben sind, **mit den Besitzern zu sprechen** und das **Einverständnis einzuholen**, den Parkplatz als Stellplatz zu nutzen. Es ist auch Ehrensache, die Anfrage mit der Einkehr oder einem Einkauf zu verbinden, besonders dann, wenn keine Stellplatzgebühr erhoben wird. Sicher ist hier und da ein Trinkgeld sinnvoll.

Grundidee dieses Buches ist das Bestreben, Ihnen eine große Auswahl von Stellplatzalternativen zu geben, aus der Sie das Pas-

sende heraussuchen. Es ist mein Ziel, Ihnen lange Fahrtwege auf der Stellplatzsuche zu ersparen und zugleich eine bunte Auswahl an regionalen Besonderheiten aufzuzeigen, sei es mit Blick auf die Geschichte und Kultur, aber auch auf **regionale Produkte**.

Zugleich ist es ein Anliegen, Ihnen die Mentalität der Letten näher zu bringen. Vor allem die ältere Generation mag Ihnen auf den ersten Blick einen distanzierten Eindruck machen. Das hat jedoch nichts mit Unfreundlichkeit zu tun, sondern ist eher eine Folge der Unterdrückung und Überwachung in den Diktaturen der Jahrzehnte vor der Wende. Zugleich darf ich auf die herzliche Gastfreundschaft hinweisen, die sich nach einer „Aufwärmphase" ergibt. Diese möchte ich Ihnen mit diesem Buch näherbringen. Man erlebt sie nur, wenn man mit den Menschen in Kontakt tritt. Deshalb möchte ich Sie animieren, mit den Besitzern von Restaurants, Campingplätzen, aber auch mit der „einfachen Bevölkerung" den persönlichen Kontakt zu suchen. Das geht ganz besonders gut auf Stellplätzen in der Natur, denn die Letten schätzen es selbst, am Wochenende Campingurlaub zu machen. Allerdings sind es nur wenige Einheimische, die sich ein Wohnmobil leisten (können). Meistens schlägt man auf dem Wochenendausflug das Zelt auf und nutzt die einfachen Zeltplätze an Seen und in den Wäldern, um gemütlich im Familien- und Freundeskreis zu entspannen. Für mich war es auf allen Reisen in die baltischen Länder immer wieder ein Erlebnis, mit den Menschen auf diese Weise in Kontakt zu kommen. Dabei habe ich viel Herzlichkeit und Offenheit erlebt.

Dieses Buch beschreibt eine **Mischung zahlreicher Stellplätze** verschiedener Kategorien. Zudem möchte ich dies mit Hinweisen verbinden, wo und wie Sie die wohlverdienten Stunden im oder vor dem Wohnmobil mit vielseitigen **Urlaubsaktivitäten** und mit der Einkehr in Restaurants verbinden können, welche die lettische Küche pflegen und einheimische Produkte verarbeiten. Dies spiegelt die **regionale Besonderheit** besser wieder. Hier und da gebe ich auch Hinweise auf Hofläden, Landbäckereien oder Mühlen entlang der Routen, die ihren Gästen eigene oder regionale Produkte anbieten. Damit Sie Ihre Einkehr im Vorfeld abstimmen können, sind bei den Stellplatztipps nach Möglichkeit die **Kontaktdaten** (Telefon, eMail-Adresse und Website angegeben). So werden Sie bei Ihrem Besuch nicht vor verschlossener Tür stehen und können den Übernachtungswunsch vorher besprechen.

Das Wandern, Rad fahren, aber auch Bademöglichkeiten genießen einen hohen Stellenwert im Wohnmobil-Tourismus. So habe ich zahlreiche Wander- und Radtouren, Seen, Strände sowie und Schwimmbäder in die Routenvorschläge eingebunden. Wo immer es mir möglich war, habe ich schöne **Sehenswürdigkeiten** geschildert, wenn diese sich in angemessener Entfernung mit einem Stellplatz befinden.

Selbstverständlich werden auch Kinder nicht vergessen. So ist dieses Buch auch für **Familien mit Kindern** geeignet. Für sie weise ich auf **Spielplätze** an den Stellplätzen hin, ebenso auf Attraktionen wie Tierparke oder Rodelbahnen. Da auch und gerade Kinder gern im Wasser toben, schließt sich bei den erwähnten **Bademöglichkeiten** der Kreis. Beachten Sie dabei, dass das Baden an naturbelassenen Seen und am Meer besondere **Vorsichtsmaßnahmen** erfordert. Erkundigen Sie sich über die Gegebenheiten, zumal es an Badeseen oft keine Badeaufsicht gibt. An offiziellen Badestränden dagegen wird dieser Service häufig geboten. Die Wasserqualität ist übrigens meistens hervorragend.

Aus meiner langjährigen Erfahrung auf Reisen mit dem Wohnmobil bin ich mir bewusst, dass viele von Ihnen komfortable **Wohnmobilstellplätze** mit geeigneter Infrastruktur schätzen. Diese spezielle Art von Plätzen gibt es in Lettland jedoch nicht. Man kennt, ebenso wie übrigens in Litauen und Estland, nur den Begriff des **Campingplatzes**.

Das Preisniveau dieser Plätze ist dabei etwas höher angesiedelt, als wir es von „Wohnmobil-Stellplätzen“ kennen. Zugleich sind die Preise aber auch niedriger, als es bei Campingplätzen in Mitteleuropa üblich ist. Meist liegen die Preise je Wohnmobil und Nacht inkl. zwei Personen zwischen € 10,00 und € 20,00. Bei der Angabe von Preisen ist zu beachten, dass diese dem Stand der aktuellen Recherche (Sommer 2014) entsprechen. Zugleich weiß ich aber auch um den Wunsch zahlreicher Leser/innen, die Stellplätze mit **einfacher oder ohne wohnmobilspezifische Ausstattung** bevorzugen. Häufig reicht ein ganz normaler Parkplatz, wenn er mit einem attraktiven Umfeld verbunden ist. Diesem Wunsch werde ich mit Tipps für **freie Stellplätze** gerecht, die Sie in der Regel für eine Nacht nutzen können, bis Sie wieder eine **Ver- und Entsorgungsstation** benötigen. Zu den Stellplatztipps gebe ich Hinweise, wenn oder gegebenenfalls wo Sie alternativ eine entsprechende Ausstattung vorfinden.

Beurteilen Sie bei der Nutzung freier Stellplätze bitte, ob Sie sich selbst als Anwohner oder Nachbar durch Anzahl und **Verhalten der Wohnmobiltouristen** gestört fühlen würden. Wenn ja, suchen Sie bitte einen anderen Stellplatz auf, auch wenn er keine so attraktive Aussicht bieten mag, einen Fußmarsch oder ein paar Meter mit dem Fahrrad erfordert. Es wäre schade, wenn durch das Fehlverhalten Einzelner oder durch „Wohnmobil-Burgen" die einschlägig bekannten Beschränkungen eintreten würden („Teppichstange" oder Nachtparkverbote).

Beachten Sie bitte auch die **Infos von A-Z am Ende dieses Buches**. Dort finden Sie weitere Hinweise aus der Praxis. Wenn Ihnen unterwegs Informationen fehlen, Sie Veränderungen feststellen oder Anregungen zur Verbesserung des Buches haben, freue ich mich über Ihre **Zuschrift**. Besten Dank im Voraus.

Erläuterung zu den Symbolen

P Parkplatz/Stellplatz	Picknickplatz
Wandern, Nordic Walking	Radtour
Restaurant	Einkaufsmöglichkeit
Campingplatz	Ver-/Entsorgungsstation
Wasserversorgung	Stromanschluss
i Hintergrundinformation	Sehenswürdigkeit
Markanter Gipfel/Aussicht	Badesee/Schwimmbad
Thermalbad	WC (öffentliche) Toilette

Kurzeme (Kurland)

Kurzeme (Kurland) leitet sich ursprünglich von den Kurfürsten ab, welche die „Kurlande" verwalteten. Dieser Landesteil erstreckt sich zwischen Ostsee und Rigaer Meerbusen und der litauisch-lettischen Grenze im Westen Lettlands. Sie finden hier unendliche, wohl die schönsten Sandstrände Lettlands, sehenswerte (Hanse-)Städte und ein ebenso eindrucksvolles Hinterland. Wer aus Deutschland mit der Fähre anreist, kommt entweder in Liepāja (Libau) oder in Ventspils (Windau) an, weshalb sich Kurzeme als Start und Ziel der Rundreise durch Lettland anbietet.

Lassen Sie mich aber die Reise durch Lettland von der litauischen Grenze her beschreiben. Schließlich darf ich unterstellen, dass viele meiner Leserinnen und Leser zunächst durch Litauen reisen (siehe M&AE Litauen), mit der Fähre (DFDS Seaways) im kaum 50 km von der Grenze entfernten **Klaipėda** ankommen oder über Polen angereist sind.

In diesem Fall sind Sie sicher dankbar, wenn ich Ihnen in Kurzform einige empfehlenswerte Campingplätze entlang der litauischen Ostseeküste nenne, die nach Ankunft der Fähre in Klaipėda in kurzer Zeit erreichbar sind. So können Sie sich von der Anreise erholen und zunächst in aller Ruhe etwas „Luft holen", bevor Sie in die Routen durch Lettland einsteigen.

CAMPINGPLÄTZE AUF DER ANREISEROUTE VON LITAUEN HER

Wenige Kilometer nördlich der wichtigsten Hafenstadt Litauens liegt im Kiefernwald der **Campingplatz Pajūrio Kempingas** (**GPS** N55 45 57.6 E21 05 33.3). Ein weiterer schöner Platz (privat betrieben, aber sehr gepflegt) liegt gut 5 km weiter nördlich in **Karklė** (**Karklė Kopos - GPS** N55 48 35.7 E21 04 24.9).

Wenn Sie auf der Fernstraße Richtung Lettland sausen, können Sie noch kurz vor der Grenze in **Šventoji** auf einem schönen; familiär geführten Platz Station machen: **Damtas ir Evaldo Sodyba** heißt der Platz, bei dem ich die offene, freundliche Art der Besitzer schätze, die ihren Garten sehenswert mit viel Liebe gestaltet haben (GPS N56 00 52.8 E21 04 40.6).

Jeder Platz hat seine Vorzüge. Den drei Plätzen gemeinsam ist, dass Sie zu Fuß in wenigen Minuten herrliche Sandstrände erreichen, die sich an der Ostseeküste Lettlands fortsetzen werden. Das Foto auf der vorigen Seite unten zeigt den Badestrand von Melnragė unweit des ersten der drei Plätze. Viel Spaß also beim Badeurlaub!

Für den Fall, dass Sie die Reise durch Litauen etwas ausführlicher, gemütlicher gestalten möchten, haben Sie vermutlich den M&AE Wohnmobil-Reiseführer Litauen gleich mit an Bord?

Wenige Minuten auf der A13 trennen Sie von **Šventoji** aus noch von der **Grenze nach Lettland**. Zwar ist die ehemalige Zollstation noch vorhanden. Dank dem Schengen-Abkommen ist sie nicht mehr besetzt. Früher war das anders gewesen. Schließlich wollte die Sowjetunion vor der Wende mit strengen Grenzkontrollen sicherstellen, dass die Freundschaft zwischen den Bruderstaaten nicht zu groß wird. So zumindest hatte es Einheimischer schmunzelnd beschrieben, als ich mit meiner Familie zum ersten Mal hierher reiste und wir eine Grenzkontrolle erlebten.

ROUTE 1

Nachdem Lettland erreicht ist, wechselt die Straße erst einmal den Namen. Sie heißt jetzt A11 und wird zusehends enger. Der Asphalt ist auch in einem wesentlich schlechteren Zustand. Nun habe ich gleich meinen ersten Abstecher zur Küste hin für Sie ausprobiert, auf dem Sie allerdings noch Schotter unter den Reifen spüren. Und wie mir von Einheimischen mitgeteilt wurde, dürfte sich hieran kurzfristig nichts ändern. Dafür belohnt Sie ein ausgesprochen schöner, ruhiger Küstenabschnitt nebst passablem Parkplatz. Wenn Sie einen Campingplatz suchen, werden Sie unweit davon auch fündig, zumindest wenn Sie ohne Hund reisen.

PAPE - PAPE NATURPARK

Stellplatzart: .... Parkplatz
GPS: N56 09 14.2 E21 01 30.9
Adresse: .... Rucava - Pape
Zufahrtinfo: Von der A11 links auf die 8,5 km lange Schotterpiste abbiegen, dann Richtung Papes ezers halten.
Kurzbeschreibung: Geschotterter Parkplatz mit WC, Picknickplätzen und Mülltonnen hinter den Dünen. Auf der Meerseite erstreckt sich ein schöner Sandstrand für einen erholsamen Badetag (Bild vorige Seite, Parkplatz Bild unten links).

PAPE - PŪĶARAGS

Stellplatzart: .... Campingplatz
GPS: N56 09 51.6 E21 01 23.1
Adresse: .... Rucava - Pape
Tel.: .... +371 28378625
mailto: .... pukarags@inbox.lv
Homepage: .... www.pukarags.lv
Zufahrtinfo: Wie Parkplatz zuvor, jedoch vor dem Parkplatz der Schotterpiste rechts ab folgen. Der Campingplatz liegt dann links.
Kurzbeschreibung: Wiese mit Ferienhäuschen, Strom, Ver-/Entsorgungsstation, Frischwasserstellen, Hundeverbot. Nachtruhe 22[00]-8[00] h. Für Ihr Wohnmobil inkl. 2 Personen müssen Sie mit € 16,00 kalkulieren. Gegen Aufpreis u. a. Waschmaschine, Fahrrad- und Bootsverleih.

Im Naturschutzgebiet Pape leben Pferde und ausgewilderte Rinder, um das Land für die Zugvögel offen zu halten. Dafür entwickelt sich, ohne menschlichen Eingriff, eine vielseitige Flora und Fauna. Das Befahren mit Motorfahrzeugen ist nicht zugelassen. Jedoch sind um den Pape See Wanderwege mit einer Länge von 30 km angelegt worden, die das Naturschutzgebiet für Naturliebhaber sowohl zu Fuß als auch mit dem Fahrrad erschließen.

Dass die Zufahrtstraße in einem recht ruppigen Zustand ist, mag den einen oder anderen Besucher abschrecken. Entlang der Strecke bis Liepāja (Libau) gibt es jedoch noch ein paar Alternativen, die mit ähnlich schönen Sandstränden aufwarten. Diese Campingplätze sind ohne lange Schotterstraßen erreichbar.

Wieder zurück auf der A11, mache ich einen Sprung von etwa 28 km zum Campingplatz Ērgļi. Für Freunde freier Plätze habe ich unweit davon eine Alternative auf Lager. Alleine eines Parkplatzes wegen habe ich **Bernāti** natürlich nicht aufgesucht. Mein Ziel war es vielmehr, die höchsten Dünen Lettlands dort, mit bis zu 37 m Höhe, kennenzulernen. Klar, dass ich diese für einen Spaziergang nutze und den Traumstrand genießen möchte. Zwar ist die Picknickstelle in einem betagten Zustand, doch man hat ja sein Wohnmobil und kann in dem Fall auch mal den Campingtisch auspacken. Wichtig ist es vielmehr, vor den Toren von **Liepāja** einen Platz zu finden, denn dort ist diesbezüglich Fehlanzeige.

NĪCA - KEMPINGS ĒRGĻI

Stellplatzart: .... Campingplatz
GPS: N56 22 22.2 E20 59 43.6
Adresse: .... Nīca - Bernāti
Tel.: .... +371 63430608 (abends), +371 2940 2272 (auf Deutsch)
mailto: .... ergli@et.lv
Homepage: .... www.ergli.et.lv
Zufahrtinfo: Etwa 12 km südlich von Liepāja. Achten Sie auf die Bushaltestelle Bernāti und biegen dort links ab. Nach 200 m ist der Platz erreicht.
Kurzbeschreibung: Schön angelegter, familiär geführter Platz, Spielplatz, Du/WC, Toilettenentleerung entweder im WC oder durch Öffnen eines Gullideckels.

NĪCA - BERNĀTI NATURPARK

Stellplatzart: .... Parkplatz
GPS: N56 21 58.0 E20 58 36.2
Adresse: .... Nīca - kein Straßenname
Zufahrtinfo: Kurz vor dem Campingplatz links abbiegen, dann bis Bushaltestelle weiterfahren. Dort links ab in den Wald, nach 1,2 km ist der Parkplatz erreicht.
Kurzbeschreibung: Asphaltierter Parkplatz mit Picknickstellen, kurzer Fußweg durch die Dünenlandschaft zum traumhaften Sandstrand (Bild).

NĪCA - GAILI KEMPINGS

Stellplatzart: ....Campingplatz
GPS: N56 24 24.7 E20 59 46.1
Adresse: ....Nīca - Gaili
Tel.: ....+371 34 60034
mailto: gaili.i@inbox.lv

Zufahrtinfo: Von der A11 her gut ausgeschildert.
Kurzbeschreibung: Schön angelegte Wiese mit einfacher Sanitärausstattung. Etwa 500 m durch Kiefernwald zum makellosen Sandstrand. Familiäre Atmosphäre, mittlere Preise.

NĪCA - CAMPING VECKURŠI

Stellplatzart: ....Campingplatz
GPS: N56 24 56.8 E21 00 04.3
Adresse: ....Nīca - Maisiņi
Tel.: .... +371 25 98 3932
mailto: .... egmars@live.com

Zufahrtinfo: Etwa 1,5 km nördlich der Zufahrt Gaili links abbiegen.
Kurzbeschreibung: Wiesenstellplätze mit altem Baumbestand auf etwa 8 ha großem Gelände des ehemaligen Gehöfts, 20 Elektroanschlüsse (€ 1,00/Tag), 400 m von der A11 entfernt. Preis (2014) je nach Größe des Fahrzeuges € 16,00-17,00.

NĪCA -PĒRKONE VERBELNIEKI

Stellplatzart: ....Campingplatz
GPS: N56 25 34.0 E20 59 49.4
Adresse: ....Nīca - Verbelnieki
Tel.: .... +371 2913 8565
mailto: ....verbelnieki@inbox.lv
Homepage: .... www.verbelnieki.lv

Zufahrtinfo: Etwa 500 m nach dem Platz zuvor links ab.
Kurzbeschreibung: Stellplatzbuchten (geschottert) nahe dem zugehörigen Restaurant, zum Strand wenige Minuten zu Fuß. Zahlreiche Picknickstellen auf dem großzügigen Gelände, Spielplatz. Der Platz ist preislich etwas höher angesiedelt (€ 21,00/N für Wohnmobil/2 Pers).

Mit diesen Campingplätzen in attraktiver Lage und den herrlichen Sandstränden dürfte kein Problem entstehen, einen passenden Platz für eine der ersten Nächte in Lettland zu finden. Der Hinweis auf die Plätze erscheint mir angebracht, denn **Liepāja** bietet selbst keine Stellplatzmöglichkeit, es sei denn, Sie wollten im lebhaften Zentrum auf dem Parkplatz nahe dem Rosenplatz stehen. Eine Übernachtung dort ist jedoch nicht Jedermanns Sache (**GPS** N56 30 30.5 E21 00 45.6/Parkgebühr am Automaten zu entrichten). Ich habe dort mit dem Wohnmobil problemlos eine Parkbucht gefunden. Es sind nur wenige Schritte zur **Tourist Information** (Rožu laukums 5/6, Tel. +371 29402111, info@liepa.travel, www.liepaja.travel), wo Sie einen Stadtplan für den Rundgang erhalten. Es führte zu weit, Ihnen hier alle Sehenswürdigkeiten der Hafenstadt zu schildern, denn diese hat sich in den letzten Jahren ganz schön herausgeputzt. Das meiste jedoch werden Sie vom Parkplatz aus bequem zu Fuß erobern können.

Sehenswertes in Liepāja - wie nach Noten

Auf den Gehwegen der Innenstadt finden Sie Noten, die Sie zu den wichtigsten Sehenswürdigkeiten führen. Ausgangspunkt ist die Tourist Information am Rosenplatz (Rožu laukums), welcher der Stadt mit ihren Jugendstilvillen einen bunten Farbklecks verleiht. Auf der Einfassung des Rosengartens finden Sie Tafeln der Partnerstädte, so auch von Darmstadt. Durch die „Kreativzone" der Kungu Straße mit kulturellen Einrichtungen und dem ältesten Holzhaus der Stadt gelangen Sie zum Kuršu laukums, der seit Jahrhunderten als Marktplatz dient.

St. Anna, am Rand des Marktes gelegen, ist die älteste Kirche der Stadt (bereits 1508 erwähnt). Unweit davon sehen Sie das heutige Rathaus, das ehemals als Gerichtsgebäude gedient hatte. Gegenüber reckt die katholische Kirche St. Josef ihre schlanken Türme empor (im Hintergrund des Fotos auf der vorigen Seite). Durch die Tirgoņu iela gelangen Sie in die Graudu iela. Sie fällt durch das alte Pflaster auf und führt zu zwei wichtigen Gebäuden der Sowjetzeit, als Liepāja Sperrzone war: Die Universität und das Parteizentrum der KPdSU. Am Kūrmājas Prospekts befinden sich das erste staatliche Gymnasium und die Seefahrtsschule sowie das Gebäude der Russland-Ostasien-Gesellschaft, heute Kreisgericht. Von hier waren Ende des 19. Jh. über 40.000 Menschen Richtung Amerika emigriert. Im Stadtmuseum genießen Sie freien Eintritt. Geht man weiter zum Tirdzniecības kanāls, ist die Promenade mit Jacht- und Fischerhafen erreicht, der zur Sowjetzeit für die Bürger der Stadt tabu gewesen war - Sperrgebiet! Sehenswert ist dort die Bernsteinuhr. Für Seeschiffe ausgebaut wurde der Kanal bereits im 17. Jahrhundert. Zu Zeiten der sowjetischen Besatzung diente er als Kriegshafen. Auf der anderen Seite gilt es einige interessante, alte Gebäude zu bewundern, bevor man zur Liela iela gelangt und dort unbedingt einen Blick in die prächtige Dreifaltigkeitskirche werfen sollte. Sie wurde 1742-58 für die deutsche Gemeinde erbaut. Die größte mechanische Orgel der Welt hat 131 Register, vier Manuale und mehr als 7.000 Pfeifen. Um Liepāja von oben zu bewundern, können Sie den Turm besteigen. Etwas außerhalb, am Jūrmalas parks, gilt es Lettlands größtes Schlagzeug und den Strandpark zu besuchen, von dem aus Sie hinaus zum Meer gelangen.

Weiter nördlich, nach Überquerung der sehenswerten, beweglichen Kalpaka Brücke über den Karosta-Kanal, erstreckt sich die Garnisonsstadt Karosta aus der Zarenzeit. Einiges ist übrig von den prächtigen Kasernengebäuden, aber auch trostlose Ruinen und triste Plattenbauten aus der Nachkriegszeit prägen den Stadtteil, der wiederum Sperrgebiet war. Dazu gehören auch Relikte, wie das Gefängnis des Kriegshafens. Kurios: Man kann eine Übernachtung in einer der Arrestzellen buchen oder an einer Reality Show „Hinter Gittern" teilnehmen. Wer´s mag...

DIE MEERESKATHEDRALE ST. NIKOLAI

Prunkstück ist die orthodoxe Meereskathedrale St. Nikolai, die im krassen Kontrast zu den sie umgebenden Plattenbauten steht. Mit ihren goldglänzenden Kuppeln erhebt sie sich prächtig in die Höhe. Das Gotteshaus war 1901 in Anwesenheit des Zaren Nikolaus II. eingeweiht worden, verkam aber nach dem Krieg. Sie diente zeitweilig als Kinosaal und Sportstätte. Die ganze Innenausstattung wurde zerstört oder beschädigt. Der erste Gottesdienst fand dann bereits im Dezember 1991 statt, nachdem die Rote Armee die Stadt verlassen hatte (Bild unten links).

Nördlich von Karosta liegt die Meeresfestung, die um die Zeit der Jahrhundertwende 19. zum 20. Jh. zum Schutz des Kriegshafens errichtet wurde. Auf ruppigen Betonplattenpisten, typisch für Kasernenanlagen, gelangt man entlang der Küste zu den Resten der Festung, die von den Truppen des Zaren selbst wieder gesprengt wurden. Doch zu stabil waren die Bunker und Artilleriestellungen, als dass man sie hätte beseitigen können.

EINKEHRTIPP/SPEZIALITÄT AUS LIEPĀJA: LIEPAJAS MENCIŅI

Alle Restaurants, welche etwas auf die lettische Küche geben, bieten auf ihrer Menükarte diese Spezialität an. Es ist ein Eintopf, bestehend aus Kartoffeln, geräuchertem Kabeljau und Zwiebeln. Es wird in einem heißen Keramiktopf serviert - und schmeckt prima. Ich habe es nur wenige Schritte von der Tourist Information entfernt im Restaurant/Café Trīs Kungi probiert und kann es nur weiterempfehlen! (Bild unten rechts).

ROUTE 1

LIEPĀJA SPORTLICH - FAHRRADSTADT, SCHWIMMBAD & SPA

2009 begann man, ein Radwegenetz anzulegen, das inzwischen um die 40 km aufweist. In der Altstadt findet man ebenso viele modern und künstlerisch gestaltete Fahrradständer wie im Strandpark. Mehrere Themenrouten wurden ausgeschildert: Altstadt, Fang den Wind am Strand, die faszinierende Rauheit und die raue Faszination des Kriegshafens. Eine Vogelbeobachtungsroute soll noch hinzukommen.

Liepāja bietet den Gästen auch das größte und modernste Schwimmzentrum Westlettlands. Zwei Schwimmbecken, ein Wellnessbereich mit Duschattraktionen, Wasserbecken mit Massagedüsen und Wasserbehandlungen, ein Saunabereich sowie ein Erlebnisbad für Kinder sind im Angebot (Brīvibas iela 39, www.loc.lv).

Wenn Sie im **Fährhafen Liepāja** (**GPS** N56 31 43.3 E20 59 54.4) von Travemünde her angereist sind, seien Sie willkommen in Lettland! Sie können hier in die Routen durch das schöne Reiseland einsteigen, das Ihnen ganz sicher viel Schönes zu bieten hat. Verlassen Sie mit mir die Stadt in nördlicher Richtung in den Kreis Pāvilosta.

Ich bin während meiner Recherche, ganz neugierig, ein wenig durch Karosta gefahren und habe über eine allerdings recht üble Straße (Atmodas Bulvāris - ramponierte Betonplatten) einen kleinen Parkplatz mit Strandzugang am Fuß der steilen Dünen entdeckt (**GPS** N56 34 25.5 E21 00 33.4 - ein netter Platz um das Spiel der Ostseewellen an der steilen Küste zu genießen, die hier eher nicht zum Baden geeignet ist (Bild unten links).

Zur Weiterfahrt muss ich dann allerdings ein Stück retour fahren, um zur parallel in nördlicher Richtung führenden Līebiešu iela und weiter bis **Saraiķi** zu gelangen. Dort biege ich links ab und folge weiter dem Nebensträßchen nach **Ziemupe**.

Ein kleiner Campingplatz ist dort direkt am Strand angelegt. Am Kiosk kann man Getränke und Snacks erwerben. Tagesgäste können den geschotterten Parkplatz nutzen, wobei für die Übernachtung eine Anmeldung erforderlich ist (Bild unten rechts vom Strand Ziemupe). Am Strand findet sich eine Gedenktafel für die Schiffbrüchigen der ‚Moskva', die hier 1758 ums Leben kamen.

Fährt man nun zur P111 zurück und folgt dieser etwa 23 km in nördlicher Richtung, bietet sich die nächste gute Campingmöglichkeit in **Pāvilosta**. Man steht am Kanal, der von der Ostsee zum schönen Fischer- und Jachthafen führt. Und zum Strand sind es wiederum nur wenige Gehminuten.

PĀVILOSTA - ZIEMUPES JŪRMALA

Stellplatzart: Zeltplatz/Parkplatz
GPS: N56 44 40.8 E21 03 41.0
Adresse: Ziemupe
Zufahrtinfo: Sie können entweder von Liepāja der küstennahen Nebenstraße folgen (siehe Text) oder auf die P111 ausweichen, die etwas weiter östlich parallel verläuft. Von dort ist Ziemupe dann ausgeschildert.
Kurzbeschreibung: Geschotterter Parkplatz direkt hinter der Düne, Parkgebühr/Tag mit Wohnmobil/Caravan € 7,00. Strandzugang ca. 150 m, Kiosk/Imbiss, Dusche/WC auf Anfrage möglich.

PĀVILOSTA - MARINA

Stellplatzart: Campingplatz
GPS: N56 53 18.1 E21 10 14.6
Adresse: Pāvilosta - Ostmalas iela 4
Tel.: +371 27480131
mailto: pavilosta@pavilostamarina.lv
Homepage: www.pavilostamarina.lv
Zufahrtinfo: Von der P111 der Ausschilderung Pāvilosta folgen. Im Ort bis zur Brücke über den Kanal, dort links und im weiten Bogen bis zur Marina fahren. Anmeldung im Rezeptions-Container. Spiel- und Sportmöglichkeiten, Bootsverleih, Bootsfahrten (Segelboote, Rettungsboot, Motorboot) auf Anfrage möglich. Preis 2014: € 18,00 inkl. Du/WC, Strom, Ver-/Entsorgung und WiFi-Zone. **Öffnungszeiten**: Mai-Mitte September (bzw. auch auf Voranfrage, je nach Witterung). Foto siehe unten.
Kurzbeschreibung: Geschotterter Platz, Stellplätze auch auf der Wiese möglich (beiderseits der Slipanlage).
Alternative: Für Tagesgäste besteht die Möglichkeit, auf dem nahen Parkplatz zu stehen (an der Einfahrt zur Marina noch 200 m geradeaus).

ROUTE 1

Auch in Pāvilosta haben Sie einen herrlichen Strand fast vor der Wohnmobiltür. 5 Minuten Fußweg nur, schon erstreckt sich ein kilometerlanger, makelloser Sandstrand, der auch für ausgedehnte Strandspaziergänge einlädt. Fragen Sie auch nach - es gibt eine Fischräucherei. So können Sie frisch geräucherten Fisch kaufen, wenn Sie möchten sogar selbst räuchern. Oder Sie gehen über die Brücke auf die Seite gegenüber (Bootstaxi wird gegen Gebühr auch angeboten), um im Restaurant einzukehren oder das Ortsmuseum zu besuchen. Zu sehen gibt es dort Fundstücke von der Bronzezeit bis heute, darunter Schmuckstücke bis hin zu herrlichen Bernsteinfunden (geöffnet Mo-Fr 9^{00}-17^{00} h, Sa/So 11^{00}-17^{00} h).

Die Reise geht weiter nordwärts Richtung Ventspils. Unterwegs gilt es noch das eine oder andere schöne Plätzchen aufzusuchen. In **Jūrkalne** finden Sie zwei Campingplätze - einer in betont familiärer Atmosphäre auf einem ehemaligen Bauernhof, der andere eine professionelle Ferienanlage mit Stellplatzmöglichkeit, Ferienhütten, Hotel und Restaurant. Wählen Sie selbst, was Ihnen liegt. Wer es ganz einfach mag, kann gut 2 km oder noch einmal 10 km weiter nordwärts fahren und findet jeweils links Parkplätze, auf dem man gegen Gebühr auch über Nacht stehen kann.

JŪRKALNE - KURLAND

Stellplatzart: .... Campingplatz
GPS: N56 58 28.8 E21 20 21.8
Adresse: .... Jūrkalne, unweit der P111
Tel.: .... +371 267 95690
mailto: .... juris.kurland@inbox.lv
Homepage: .... in Vorbereitung
Zufahrtinfo: Von der P111 links ab ausgeschildert.
Kurzbeschreibung: Wiesengelände mit Stromanschluss, einige Schatten spendende Bäume, neue, moderne WC/Dusche, Ver-/Entsorgung, WiFi ab 2015 vorgesehen. Preisgünstig, ohne Strom € 10,00, mit Strom € 15,00 pro Wohnmobil. 300 m zum Strand. 23^{00} h Nachtruhe! Bild unten links.
Öffnungszeiten: Mai-September.

JŪRKALNE - SĪLI

Stellplatzart: .... Campingplatz
GPS: N56 58 27.1 E21 20 37.7
Adresse: .... Jūrkalne, unweit der P111
Tel.: .... +371 294-79335
mailto: .... reservacija@imantas.lv
Homepage: .... www.imantas.lv
Zufahrtinfo: Von der P111 links ab ausgeschildert (gegenüber Kurland).
Kurzbeschreibung: Weitläufige Ferienanlage - vom Zelt über Wohnmobilstellplätze bis zu Ferienhütten und Hotel. Restaurant, Sauna, kleiner Laden/Getränkeverkauf. Waschmaschine/Trockner, WiFi, Preis 2014: € 14,00 pro Wohnmobil. Bild vorige Seite rechts unten.
Öffnungszeiten: Mai-Sept.

JŪRKALNE - ATPŪTAS VIETA MUIŽUPĪTE

Stellplatzart: .... Parkplatz/Zeltplatz
GPS: N56 59 12.2 E21 21 28.7
Adresse: .... Jūrkalne, neben der P111/Muižupīte
Tel.: .... +371 223 25400
Zufahrtinfo: 2 km nördlich der Campingplätze zweigt links ein Bogen der früheren Straßenführung ab. Dann auf den Parkplatz links abbiegen. Parkplatz ausgeschildert.
Kurzbeschreibung: Geschotterter Parkplatz, leider etwas schräg (Keile nötig). Kurzer Zugang zum Sandstrand. Keine weitere Ausstattung. Bild unten: Der zugehörige Strand.

JŪRKALNE - ZĪME LATVIEŠU BĒGĻIEM UZ ZVIEDRIJU

Stellplatzart: .... Parkplatz
GPS: N57 03 50.6 E21 25 05.5
Adresse: .... Jūrkalne, 10 nördlich des letzten Platzes an der P111
Zufahrtinfo: Vom zuvor genannten Strandparkplatz 10 km weiter nördlich fahren, dann links ab der Parkplatz.
Kurzbeschreibung: Großer, geschotterter Parkplatz, am Strand eine Gedenkstätte für die Kriegsflüchtlinge nach Schweden 1944/45, als die Rote Armee das Land besetzte. Sandstrand, Trockentoilette, Picknickstelle.

Nun fahre ich auf der P111 bis zur Einmündung der P108 und biege links auf diese ab, um die letzten Kilometer bis zur Hafenstadt **Ventspils** hinter mich zu bringen. Dort könnte für viele von Ihnen die Ankunft mit der **Fähre der Stena Line von Travemünde** her sein (vielleicht zum Ende Ihrer Reise auch der Hafen, von dem Sie Richtung Heimat auslaufen). Die Parkplätze finden Sie am Ufer der Venta (**GPS** N57 23 55.8 E21 34 08.8/Pier bzw. N57 23 50.0 E21 34 15.5/Fährterminal). Es lohnt sich, etwas in Ventspils zu verweilen. Es findet sich hier ein moderner, gut ausgestatteter Campingplatz, der sich bestens für den Aufenthalt am ersten oder letzten Tag der Reise eignet. Und rundherum wird auch einiges geboten, was den Besuch hier kurzweilig macht.

Da ist ein buntes kulturelles Programm geboten. Und, wie nicht anders zu erwarten, finden Sie auch in Ventspils einen herrlichen Sandstrand für schöne Badetage oder einen ausgedehnten Strandspaziergang.

VENTSPILS - PIEJŪRAS KEMPINGS

Stellplatzart: .... Campingplatz
GPS: N57 23 03.0 E21 32 09.1
Adresse: .... Ventspils, Vasarnīcu iela 56
Tel.: .... +371 636 27925
mailto: .... camping@ventspils.lv
Homepage: .... www.camping.ventspils.lv
Zufahrtinfo: Vom Zentrum der Hafenstadt aus gut ausgeschildert. Von der P108 biegen Sie links in den Lielais prospekts ab, an dessen Ende wieder links in die Vasarnīcu iela, auf der Sie zum Ziel gelangen.
Kurzbeschreibung: Weitläufiges Wiesengelände, durch Sträucher und Bäume aufgelockert. Gute Ausstattung mit modernem Rezeptionsgebäude, Restaurant, Du/WC, Waschmaschine/Trockner, WiFi, Einkaufsmöglichkeit wenige Gehminuten entfernt. **Öffnungszeiten**: Ganzjährig.

Sehenswertes in Ventspils

Wenn Sie ein Fahrrad an Bord haben, sind Sie wesentlich schneller im Zentrum und können die Stadt ohne lange Fußwege besichtigen. Zu Fuß ist es aber auch kein Problem. Die Innenstadt liegt etwa 15-20 Minuten zu Fuß entfernt. Und Sie finden ausgezeichnete Markierungen, die helfen, die Besichtigungsziele problemlos zu finden.

Die Stadt nennt sich Hauptstadt der Blumen und Brunnen Lettlands. Und in der Tat macht alles einen sehr gepflegten und farbenfrohen Eindruck. Die bunten Kühe allerorten geben einen kleinen Eindruck, in der Schweiz zu sein, wo solche Skulpturen auch häufig zu sehen sind. Die Parks, Gärten und Plätze der Stadt sind von Frühling bis Herbst mit einem Rausch der Farben eine wahre Augenweide Zahlreiche Brunnen runden das schöne Bild ab. Nicht zuletzt können Sie auf der Venta Promenade flanieren, einkehren oder einfach das bunte Treiben genießen.

Aus historischer Sicht ist vor allem die 1290 erbaute Ordensburg von Interesse, in deren Schutz sich die Hafenstadt entwickelte. Sie finden dort das Stadtmuseum und in den Kellergewölben eine Brauereigaststätte, wo die lettische Küche gepflegt wird.

Am Rathausplatz ist die evangelische Nikolaikirche zu erwähnen, ebenso die Bibliothek von Ventspils und das Internationale Haus der Schriftsteller und Übersetzer.

Im Handwerkshaus (Skolas iela 3) lernen Sie alte Handwerkskünste kennen, darunter auch Kurse in Töpferei, Korbflechterei und vieles mehr.

Von der Ostas iela startet das Ausflugsboot „Hercogs Jēkabs" in die Mündung der Venta und auf die Ostsee.

Auch wenn das Wetter mal nicht ganz so mitspielen sollte, wird es in Ventspils nicht langweilig. Da sind der Ventspils Adventure Park, ein netter Freizeitpark zu nennen, der riesige Spielplatz „Kinderstadt“ mit dem Kinderpark „Fantasy“, weiterhin der Aquapark, ein waschechtes Erlebnisbad.

Ganz attraktiv ist auch die direkte Umgebung des Campingplatzes, denn der Strandpark ist nur wenige Gehminuten entfernt. Dort können Sie eine Rundfahrt mit dem historischen Schmalspur-Dampfzug machen, der einst von Ventspils bis hinauf zum Kap Kolka schnaufte. Heute tut er das nur noch zwischen dem Museum und dem Abenteuerpark. Das Küstenfreilichtmuseum ist dort überdies sehenswert (Rinka iela 2, Mai-Okt. Di-So 10⁰⁰-18⁰⁰ h).

Und über all den Attraktionen sollten Sie natürlich nicht vergessen, dass auch Ventspils einen herrlichen Sandstrand bietet, der mittlerweile angesichts hervorragender Wasserqualität und sauberer, gepflegter Strandanlagen den Vergleich mit berühmten Badeorten nicht zu scheuen braucht. Am herrlichen Strand (Bild unten) flattert deshalb die Blaue Flagge.

ROUTE 1

Zum Kap Kolka und Slītere Nationalpark

Sie können nun von Ventspils aus die Reise abkürzen, indem Sie über die A10 Richtung Rīga starten. Sie können dann von der Hauptstadt aus via Talsi oder Tukums die schönen Städtchen im Landesinneren erkunden. Wenn es Ihr Zeitplan aber irgendwie möglich macht, sollten Sie das Kap Kolka und den Slīteres Nationalpark nicht auslassen.

Fahren Sie auf die A10/E22 und überqueren die Venta. Am Kreisverkehr scheiden sich dann die Wege. Wer Kap Kolka nicht verpassen möchte, folgt ein Stück dem Flussufer und biegt dann rechts auf die Talsu iela ein. An dieser können Tierfreunde kurz vor dem **Būšnieku ezers** den Tierpark besuchen, in dem vor allem Rot- und Schwarzwild in naturnaher Umgebung zu sehen ist (**Parkplatz GPS** N57 25 53.2 E21 39 9.7). Der Eintrittspreis ist günstig - € 0,70 (Stand 2014). Wenige Meter weiter, auf der anderen Straßenseite, finden Sie einen Parkplatz am See, wo Sie die Badesachen auspacken können (**GPS** N57 26 15.2 E21 39 21.6).

ROUTE 1

Radtour um den Būšnieku ezers

Um den als Naherholungsgebiet beliebten See ist eine Fahrradtour ausgeschildert. Am See gibt es Bade- und Picknickstellen für eine erholsame Rast (Länge ca. 20 km, Abstecher nach Ventspils möglich).

Für größere Fahrzeuge ist es etwas eng auf dem oben beschriebenen Parkplatz am See. Wenn Sie einen großzügigeren Parkplatz am Meer suchen, fahren Sie etwas südlich davon hinüber nach **Staldzene** ab (ausgeschildert) und können an der Oberkante der Steilküste stehen, um einen Strandspaziergang zu unternehmen oder die Badesachen auszupacken. Man kann gut den ein- und auslaufenden Seeschiffen vor Ventspils zuschauen.

STALDZENE - PLUDMALE (STRAND)

Stellplatzart: Parkplatz
GPS: N57 26 41.3 E21 36 17.6
Adresse: Ventspils/Staldzene, Bangu iela
Zufahrtinfo: Etwas südlich des Tierparks folgen Sie der Ausschilderung zum Fischerdorf Staldzene. An der abknickenden Vorfahrt bleiben Sie geradeaus und fahren weiter bis zum Straßenende.
Kurzbeschreibung: Asphaltierter Parkplatz mit Strandzugang, Mülltonne. Schatten durch Kiefernwald auf den Dünen.

Wenn Sie der P124 weiter nordwärts folgen, fahren Sie zwar zunächst noch ein Stück auf einem arg abgenutzten Asphaltband. Doch wird dieses bald ein einwandfreies Dahingleiten möglich machen. Vorbei ist das Geholper auf einer waschbrettartigen Schotterpiste bis Kolka. Doch bis dahin ist ohnehin noch ein weiter Weg, an dem es einiges zu entdecken gilt. Die erste Station ist **Oviši**, wo ich zwei nette, kleine Stellplatzmöglichkeiten für Sie gefunden habe. Doch nicht diese sind der Grund, warum ich gerne dorthin fahre, sondern der älteste Leuchtturm Lettlands, den Sie besteigen und das zugehörige Museum besichtigen können.

OVIŠI - PICKNICKSTELLE ODER OVIŠU BAKA

Stellplatzart: .... Parkplatz
GPS: N57 34 15.7 E21 43 34.2
Adresse: .... Oviši, Straße ohne Namen
Zufahrtinfo: Von der P124 der Ausschilderung Oviši folgen (gut befahrbare Schotterstraße). Am Ortseingang, nach etwa 2,4 km, gabelt sich die Straße. Rechts abknickend gelangt man zum Picknickplatz, links ab zum Parkplatz des Leuchtturm-Museums.
Kurzbeschreibung: Geschotterte Parkflächen ohne weitere Ausstattung. Kurz vor der (leider desolaten) Picknickstelle führt ein Fahrweg (Fahrverbot!) links zum Ostseestrand (ca. 10 Min. Fußweg zum Strand wie auch zum Leuchtturm). Parkplatz Leuchtturm 100 m vom Museum entfernt.

DER LEUCHTTURM VON OVIŠI

Seit Jahrhunderten gab man, mit Leuchtfeuern den Seefahrern Orientierungspunkte. Doch einfache Leuchtfeuer auf den Stränden oder Dünen waren nicht weit zu sehen. So baute man nach und nach Türme mit einer Feuerkammer, später Ölfeuern. Doch war dies sehr aufwändig, musste doch das Brennmaterial ohne Hilfsmittel über steile, dunkle Treppen hinaufgeschafft werden - schweißtreibend für die Leuchtturmwärter. Da war es mehr als eine Erleichterung, als elektrisches Licht genutzt werden konnte.

Der Leuchtturm in Oviši wurde 1814 erbaut und erst wesentlich später auf elektrisches Licht umgerüstet. Im Freigelände vor dem Leuchtturm und auf den einzelnen Etagen während des Aufstiegs entdecken Sie interessante Exponate. Die Galerien zu den Fenstern werden als Präsentationsflächen genutzt, zeitweise auch für Konzerte - eine interessante Variante, einen Leuchtturm als Konzertsaal zu nutzen. Tel. +371 63600364, Geöffnet tgl. 8^{00}-16^{00} h (Hauptsaison bis 18^{00} h. Eintritt € 0,70.

ROUTE 1

Etwa 7,5 km nordöstlich der Abzweigung Oviši können Sie nach rechts auf eine ehemalige Kasernenzufahrt der Roten Armee abbiegen, die allerdings stellenweise ein unangenehmes Holpern auf den groben Betonplatten verursacht. Nach 1 km können Sie rechts zur früheren **Horchstation Irbene** abbiegen, wo in der Hauptsaison auch Führungen angeboten werden. Der heute wissenschaftlichen Zwecken dienende Horchposten mit dem größten Parabolspiegel Nordeuropas (Durchmesser 32 m) erhebt sich zwischen verfallenden Kasernengebäuden hoch aus dem Kiefernwald. Parken können Sie am Fuß des Informationszentrums.

Etwas weiter nordöstlich finden Sie einen Campingplatz mit „Weststandard", **Miķeļbāka**. Schon der Name „bāka" deutet darauf hin, dass es wieder einen Leuchtturm zu entdecken gilt, dieses Mal nicht der älteste, sondern der höchste des Landes.

ROUTE 1

MIĶEĻTORNIS - MIĶEĻBĀKA

Stellplatzart: Campingplatz
GPS: N57 35 49.0 E21 57 54.0
Adresse: Miķeļtornis
Tel.: +371 27884438
mailto: martins@mikelbaka.lv
Homepage: www.mikelbaka.lv
Zufahrtinfo: Von der P124 7,5 km nach Abzweigung Irbene links ab ausgeschildert. Nach etwa 2 km weist ein Schild links zum Ziel.
Kurzbeschreibung: Herrlich ruhige, naturnahe Lage auf einer großen Wiese, Stellplätze mit Stromanschluss für Caravans/Wohnmobile am Waldrand. Restaurant (Foto unten). Ver-/Entsorgung an der Rückseite des Gebäudes. Das Trinkwasser ist gelblich eingefärbt - gesundheitlich zwar unbedenklich, aber nicht ganz geschmacksneutral. Man bietet deshalb Tafelwasser als Alternative an.
Alternative: Nebenan, an der Zufahrt, liegt ein weiterer Platz.

Bis zur nächsten Abzweigung ist es dieses Mal etwas weiter. Und nun habe ich etwas für Natur- und Wanderfreunde auf Lager, nämlich einen Abstecher zum Petersmoor, das mit einem herrlichen Wanderweg prima erschlossen ist. Biegen Sie also ein Stück auf die P125 Richtung Talsi ab. Nach gut 4 km sehen Sie eine Geschwindigkeitsbegrenzung (50 km/h) und kurz danach den Hinweis „Peterezera dabas taka". Es weist auf den Parkplatz hin, den man leicht übersehen könnte (**GPS** N57 39 15.4 E22 16 12.5).

Wandern ins Petersmoor

Der Wanderpfad verläuft 3,9 km teils auf Holzbohlen und Treppen, teils auf Sandboden. Höhenmeter habe ich nicht gemessen, wohl aber deutlich gemerkt, dass es über die Dünenlandschaft immer wieder erstaunlich steil auf und ab geht. Da haben Eiszeit, Wind und Wetter mit der welligen Sandlandschaft ein richtig schönes, abwechslungsreiches Wandergebiet geschaffen.

Hier im Slīteres Nationalpark erleben Sie eine vielfältige Flora und Fauna, wobei Sie von den noch vorkommenden Luchsen, Wölfen, Elchen und Bären wohl nur mit größtem Glück etwas vor die Linse bekommen. Eher können Sie einen Fischadler bei der Jagd beobachten, auch Schwarzstörche brüten hier im Frühsommer. Mit einem aufmerksamen Blick entdecken Sie mit großer Wahrscheinlichkeit aber dies und jenes aus der bunten Pflanzenwelt, vielleicht eine blühende Orchidee.

Fährt man auf die andere Seite der P124, gelangt man nach **Mazirbe**, einem kleinen Fischerdorf, das heute mit dem Livenzentrum eine Besonderheit zu bieten hat.

DAS LIVENZENTRUM MAZIRBE

Die Fischerdörfer an der Westküste Lettlands werden von der wohl kleinsten Volksgruppe bewohnt, den Liven. Sie sind ein Volksstamm finno-ugrischen Ursprungs, also eher mit den Finnen und Esten „verwandt", als mit Lettland. Nur noch wenige Menschen in diesem Küstenbereich sprechen die livische Sprache. Umso interessanter ist ein Blick ins Volkshaus der Liven in Marzirbe. Hier kann man Tonaufnahmen dieser Sprache hören, Alltagsgegenstände aus dem Leben des kleinen Volkes sehen und an der Küste auch den „Schiffsfriedhof" anschauen.

Eigentlich war es livische Sitte, ausgediente Boote zu verbrennen. Ausgedient hatten sie zur Sowjetzeit dann alle, denn die Fischer durften der Fluchtgefahr wegen nicht mehr aufs Meer fahren. Das Verbrennen der Boote hatten die Sowjets dennoch verboten. So wurden die Schiffe in den Wald geworfen (Bild unten von Torsten und Pia Schabe), wo die Sowjets sie zur Sicherheit unbrauchbar machten, damit keines der Schäflein über die Ostsee nach Schweden entkomme. Ob man sich am Ende doch nicht so sicher war, das beste politische System zu haben ... ?

ROUTE 1

Radtour: Mazbānīsa dabas taka

Von Mazirbe ein Stück retour kann man auf der Seite zwischen P124 und der Ostsee ein Stück der ehemaligen Trasse der Schmalspurbahn, welche die Einheimischen Mazbaniza (Kleine Maschine) nannten, als Radweg nutzen. Die für militärische Zwecke im I. Weltkrieg erbaute Bahn verkehrte hier von 1916-63. Und bekanntlich sind Bahntrassen beliebte Radwege. Zurück fährt man die 6,9 km auf gleicher Strecke oder auf der P124.

Fährt man durch Mazirbe, gelangt man zum Strand (**Mazirbe jūra - GPS** N57 41 32.3 E22 19 35.4). Bleibt man über Nacht, muss man in Kauf nehmen, bei den Ruinen der früheren Kaserne zu stehen. Doch das tut dem schönen Strand keinen Abbruch (Bild).

Wenige Kilometer weiter liegt **Vaide**, wo eine weitere Besonderheit auf Gäste wartet: Die Hörnersammlung des früheren Försters der Region ist ein Unikat. Im Lauf der Jahre sammelte er abgeworfenen Elchschaufeln und Geweihstangen im Wald. Die Sammelstücke sind also keine Trophäen eines Jägers, darauf legt er Wert. Zusammen mit viel Fantasie und Geschick entstanden daraus teils eindrucksvolle, teils lustige Gebilde wie der Stuhl aus Elchschaufeln, der erstaunlich bequem ist. Gleich nebenan bieten der betagte Besitzer und sein Sohn einen einfachen Campingplatz (Bilder unten).

P WC VAIDE - HÖRNERSAMMLUNG

Stellplatzart: .... Campingplatz
GPS: N57 43 37.1 E22 27 33.7
Adresse: .... Vaide (kein Straßenname)
Tel.: .... +371 29395624
Zufahrtinfo: Von der P124 ausgeschildert über eine schmale, aber mit Weitsicht gut befahrbare Schotterstraße.
Kurzbeschreibung: Wiesengelände vor einem Teich, einfache Toiletten/Dusche, aber dafür mit € 3,00/Pers. und € 3,00/Fahrzeug günstiger Preis, Strom € 1,50/Tag zusätzlich (Bilder unten).

Und nun sind es nur noch wenige Minuten auf der guten P124 bis zur Landspitze, welche die Ostsee vom Rigaer Meerbusen trennt und bei etwas Wetterglück einen Blick hinüber zur estnischen Insel Saaremaa erlaubt. Hier steht am öffentlichen Parkplatz ein Kiosk, in dem man Erfrischungen erhält. Daneben befindet sich eine Toilette und ein Frischwasserschlauch. Hier fehlt es uns also an nichts - außer der Tatsache, dass offiziell Camping hier verboten ist. Wohl geduldet ist aber das Parken (Parkgebühr), weshalb Sie sich hier auf die Belange des Naturschutzes ganz besonders besinnen sollten, ebenso wie übrigens am nächsten Wanderparkplatz, der kurz nach dem Fischerdorf Kolka neu angelegt wurde. Auch dieser liegt noch im Nationalpark, weshalb mir dieser Hinweis mehr als sinnvoll erscheint.

P WC KOLKA - KOLKAS RAGS

Stellplatzart: .... Parkplatz
GPS: N57 45 23.7 E22 36 01.5
Adresse: .... Kolka - Kolkas rags
Tel.: .... +371 29149105
mailto: .... kolkacape@inbox.lv
Homepage: .... www.kolkasrags.lv
Zufahrtinfo: Auf der P124 zum Kreisverkehr, dort geradeaus halten zum Parkplatz.

Kurzbeschreibung: Asphaltierter Parkplatz mit Picknickstelle, Fahrradständer, Informationstafeln. Parkgebühr (€ 8,00/Nacht) ist im Kiosk/Informationsbüro zu bezahlen.

Ein weiterer Parkplatz (Picknickbänke, Trockentoilette) befindet sich am Kreisverkehr links ab. Auch dort ist die genannte Parkgebühr zu bezahlen (Anmeldung am Kiosk).

i WICHTIGER HINWEIS ZUR SICHERHEIT

Im Bereich der Landspitze treffen Meeresströmungen aufeinander, die sich dann vom Kap abwenden. Selbst erfahrene, kräftige Schwimmer haben kaum eine Chance, gegen die Strömung anzukämpfen. Deshalb ist nicht nur vom **Baden** abzuraten, sondern es ist **verboten**!

ROUTE 1

Der Küstenwanderpfad/Naturpfad

Am zweiten Parkplatz startet der 1,2 km lange Informationspfad durch die Kiefernwälder. Man erhält Aufschluss über die Natur im Slītere Nationalpark. Siehe auch Infotafeln am Parkplatz.

Zudem besteht rund um die nördlichste Landspitze Kurzemes ein Netz an Spazierwegen zum Strand, der hier durch die wilde Natur von Stürmen, Schnee und Eis im Winter geprägt wird. Häufig werden ganze Abschnitte der Steilküste von der Brandung abgetragen, und die Kiefern stürzen dann ab. Diese bleiben nicht nur liegen, weil es eben ein Nationalpark ist, in dem die Natur sich selbst überlassen bleibt, sondern weil das Wurzelwerk und die Äste ein wenig Erosionsschutz ergeben und damit zumindest die Landabtragung verzögern (Bild vorige Seite unten).

Im livischen **Fischerort Kolka** sollten Sie die drei Kirchen der großen Konfessionen beachten. Die orthodoxe und die evangelische Kirche sind die größeren der drei Gotteshäuser. Auch die kleine, hölzerne Kirche der Katholiken ist einen Blick wert. Kurz nach dem Ortsausgang finden Sie die neu angelegte **Picknickstelle Zenu Dikis** nahe einer kleinen Lagune, welche die letzte Eiszeit hinterlassen hatte. Der Parkplatz taugt jedoch nur für Fahrzeuge bis 6 m Länge. Mit größeren Fahrzeugen sollten Sie auf den Parkplatz an der Landspitze oder die Plätze im weiteren Verlauf ausweichen (**GPS** N57 43 20.1 E22 34 38.9). Wenn Sie weiter fahren, lässt sich dies mit einer kleinen Wanderung auf dem **Dünenlehrpfad von Pūrciems** oder dem Besuch auf dem benachbarten Campingplatz verbinden.

PŪRCIEMS - PLAUCAKI CAMPING

Stellplatzart: Campingplatz
GPS: N57 34 57.6 E22 37 53.4
Adresse: Roja - Pūrciems
Tel.: +371 26445124
mailto: kempings@plaucaki.lv
Homepage: www.plaucaki.lv
Zufahrtinfo: An der P131 links ab ausgeschildert, abseits der Straße.
Kurzbeschreibung: Schön angelegter Platz mit viel Grün am Waldrand, 250 m zum Meer, gut ausgestattet, gepflegte Sanitäranlagen. Strom, Ver-/Entsorgung. **Öffnungszeiten**: Mitte Mai bis Ende August (Bild links).

Der Dünenlehrpfad von Pūrciems

Der Lehrpfad startet an der P131 gegenüber dem kleinen Parkplatz und nicht weit vom beschriebenen Campingplatz entfernt. Auf teils mit Holzbohlen befestigtem Pfad geht es hier und da steil bergauf und bergab durch die Dünen, die durch den Flusslauf der Pilsupe zu Tal gerutscht sind. Über den Pfad, für den Sie kaum eine halbe Stunde benötigen (1 km), informiert eine Tafel am Einstieg (Bild vorige Seite unten rechts).

Wieder erwartet Sie eine kurze Fahrtstrecke, bis Sie einen übernachtungstauglichen Parkplatz an der Küste finden. In Höhe des Fischerdorfes Ģipka weist ein Schild zum Parkplatz des **Naturreservats Ģipka**. Knapp 4 km weiter liegt, wieder links, ein Ziel für diejenigen die gut ausgestattete Campingplätze bevorzugen.

ĢIPKA - NATURRESERVAT

Stellplatzart: .... Parkplatz
GPS: N57 33 52.3 E22 40 02.6
Adresse: .... Roja, Ģipka (abseits der P131)
Zufahrtinfo: Von der P131 links ab ausgeschildert, 650 m Schotterstraße.
Kurzbeschreibung: Geschotterter Parkplatz mit Trockentoilette direkt am Sandstrand (Bild unten). Informationstafel über das Naturreservat.

ROJA - DZINTARKRASTS

Stellplatzart: .... Campingplatz
GPS: N57 32 28.5 E22 42 35.2
Adresse: .... Roja, Dzintarkrasts
Tel.: .... +371 28600600 oder +371 28606060
mailto: .... info@dzintarkrasts.lv
Homepage: .... www.dzintarkrasts.lv
Zufahrtinfo: Von der P131 links ab ausgeschildert, Zufahrt Schotterstraße zur Ferienanlage.
Kurzbeschreibung: Großzügig angelegter Platz mit Hotel/Restaurant, Caravan-/Wohnmobilplatz mit Strom, Sauna, diverse Spiel- und Sportanlagen, herrlicher Sandstrand.

HINWEIS ZUM SCHUTZ DER DÜNEN UND SANDSTRÄNDE

Sie haben auf der Fahrt durch Kurzeme bisher unschwer erkennen können, dass dieser Abschnitt von fast unwirklich schönen Sandstränden und Dünenlandschaften geprägt ist. An der Nordküste Kurzemes befinden Sie sich in etwa in der Mitte der 550 km langen Sandstrände, die sich von der litauischen bis zur estnischen Grenze erstrecken.

Es ist mir eine Herzenssache einen Beitrag zu leisten, die herrliche Natur mit ihrer Artenvielfalt und schützenswerten Kulturgütern zu bewahren. Berücksichtigen Sie bitte einige Verhaltensregeln, die es uns ebenso, wie unseren Kindern und Enkeln noch auf Jahre hinaus möglich machen, diese Strände zu genießen.

Leider ist auch in Lettland hier und da zu beobachten, dass Urlauber (Einheimische, leider aber auch Touristen) mit Fahrzeugen „just for fun" auf die Strände fahren. Besonders einfach macht dies die moderne Fahrzeugtechnik der Quads, Geländewagen und Motorräder. Doch heißt es noch längst nicht, dass man es tun müsste, was man kann.

Ebenso untersagt ist es, abseits ausgewiesener Parkplätze zu parken oder außerhalb ausgewiesener Zeltplätze zu zelten bzw. mit dem Wohnmobil zu stehen.

Ein Unding ist es auch, in den hochempfindlichen Kiefernwäldern Lagerfeuer zu entzünden. Im eigenen Interesse, allein schon aus Selbstschutz: Diese Wälder brennen, wie Zunder... !

Müll und Unrat sind nicht nur unschön, sondern auch eine tödliche Gefahr für Wildtiere, die qualvoll daran sterben. Was man an Verpackungen aus dem Supermarkt mitbringt, kann bzw. muss man auch ordnungsgemäß entsorgen. Beteiligen Sie sich nicht an der leider in den baltischen Ländern (noch?) üblichen „Plastiktütenflut". Nutzen Sie zum Einkauf Mehrwegtaschen oder benutzen Sie Plastiktüten wenigstens mehrfach. Und weisen Sie das Verkaufspersonal darauf hin, dass es ein Unding ist, z. B. Milch im Tetra-Pak an der Kasse noch einmal separat mit einer der hauchdünnen Plastiktüten einzuwickeln, welche nach dem Auspacken beim ersten Luftzug in die Natur flattern und diese schädigen. Gleiches gilt für Glasflaschen und Alubüchsen: Diese gehören ordentlich entsorgt oder - noch besser - zurückgegeben. Wer sich am Strand schon mal einen Schnitt im Fuß zugezogen hat, weiß, wovon ich rede.

Roja nennt sich die Hauptstadt des Sommers und ist der größte Ort an diesem Küstenabschnitt und bietet erneut die Wahl zwischen einem **Parkplatz mit Strandzugang** am Ortseingang (**GPS** N57 30 37.6 E22 47 54.0) und, etwas außerhalb des Ortes, einem ruhig und abseits der Durchgangsstraße gelegenen Campingplatz. Am behindertenfreundlich gestalteten Sandstrand (WC, Umkleidekabinen, Sporteinrichtungen) finden Sie das „blaue Hoffnungsferkel", ein beliebtes Kunstwerk von Māris Grosbahs). Nicht weit entfernt finden Sie einen Hochseilgarten mit mehreren Parcours verschiedener Schwierigkeitsgrade.

An der Quelle der Roja (am Ende der Kāpu iela) können Sie Wasser entnehmen (Kanister), dem man eine heilende Wirkung zuspricht. Nicht nur zu Trinken, auch zu Essen braucht es etwas Gutes. Im Roja Hotel wird die heimische Küche mit guten Fischgerichten gepflegt. Nutzen Sie in Roja auch die Gelegenheit zum Einkauf. An der Abzweigung der P126 Richtung Talsi finden Sie einen Supermarkt. Apropos Supermarkt: Bitte beachten Sie auch die Hinweise auf Seite 34. Wer mehr über die Seefischerei erfahren möchte, kann das entsprechende Museum in Roja besuchen (Selgas iela 33, Tel. +371 632 695994, mailto: indirksone.inese@gmail.com).

Kurz nach Roja folgt **Kaltene**, das durch besondere Strände auffällt: Der Sand ist durchsetzt mit abgerundeten Findlingen. Es sind Relikte der Eiszeit, die am Strand und in den Wäldern abgelagert wurden. Auf einem Vogelpfad (800 m lang) und einem Informationspfad zu den „Mollsteinen" im Wald (800 m oder 1.500 m) können Sie mehr erfahren. Im Ort gibt es die **Fischfabrik „Elzas"**, die sich auf die Herstellung von Fischsalaten spezialisiert hat und ihre Waren auf Voranfrage auch verkauft (Tel. +371 264 30227). Natürlich verkaufen hier und da auch andere Fischer ihre Ware (frisch oder geräuchert) an Gäste. Achten Sie an den Ortsdurchfahrten der gesamten Nordküste von Kurzeme auf die entsprechende Beschilderung.

ROUTE 1

MĒRSRAGS - MĒRSRAGA BĀKA

Stellplatzart: .... Campingplatz/Parkplatz
GPS: N57 21 56.2 E23 07 19.5
Adresse: .... Mērsrags, Bāka iela 58
Tel.: .... +371 202 55354
mailto: .... info@mersragabaka.lv
Homepage: .... www.mersragabaka.lv
Zufahrtinfo: In Mērsrags links abbiegen (Ausschilderung Parkplatz). Nach 2,6 km auf dem kleinen Nebensträßchen ist der Parkplatz erreicht.
Kurzbeschreibung: Geschotterter Parkplatz mit Picknickstellen am Sandstrand mit Findlingen. In der Hauptsaison am Fuß des Leuchtturms ein kleiner Caravan-/Wohnmobilplatz mit 4 Stellplätzen/Stromanschluss sowie Ver-/Entsorgung. Preis je Wohnmobil auf dem kleinen Campingplatz € 15,00/N (2014). **Öffnungszeit Camping:** Mitte Mai-Ende August.

Auch **Mērsrags** bietet die Gelegenheit, die „Findlingsküste" zu besuchen, aber auch die Sumpf- und Seenlandschaft des Engures ezers. Der Stell- und Campingplatz liegt direkt am schönen, mit Findlingen übersäten Sandstrand und zugleich weit abseits der Durchgangsstraße. Besichtigungsvorschläge siehe auch Radtour um den Engures ezers.

Etwas weiter, man fährt weite Strecken durch den Wald, zweigt rechts ein Schottersträßchen Richtung **Engures ezers** ab. Den Rastplatz bei der **Ornithologischen Forschungsstation** kann ich für Naturfreunde empfehlen. Bringen Sie aber etwas Zeit mit, um in aller Ruhe die Tierwelt beobachten zu können. Der Randbereich des Sees wird durch Beweidung mit ausgewilderten Rindern und Pferden offen gehalten, damit die Zugvögel auf ihrer alljährlichen Wanderung ausreichend Rast- und Futterplätze am Wasser finden, um sich für die weite Reise zu stärken (Bild unten).

ENGURE - ENGURES EZERS

Stellplatzart: .... Parkplatz
GPS: N57 15 28.1 E23 08 10.5
Adresse: .... Engure
Zufahrtinfo: Von der P131 (knapp 10 km nach Einmündung in Mērsrags) zweigt eine schnurgerade Schotterpiste ab, die nach 2,3 km zum Parkplatz bei der ornithologischen Forschungsstation führt.
Kurzbeschreibung: Geschotterter Parkplatz, Picknick- und Grillstellen (teils überdacht) im Kiefernwald am Engures See.

Zum Vogelbeobachtungsturm

Vom Parkplatz folge ich dem Fahrweg, passiere nach wenigen Minuten die teils getarnten Gebäude der Forschungsstation und halte mich geradeaus, bis zu einer Picknickstelle. Dort führt ein Durchgang links über die Sumpfwiese (auf Holzbohlen) über offene Weideflächen zum Vogelbeobachtungsturm. Die Pferde und Rinder sind an Menschen gewöhnt. Sie nehmen zumindest keinerlei Notiz von mir, sodass ich den Sonnenuntergang genießen kann und einige Kraniche und vor allem in Schwärmen vorbeiflatternde Schwalben beobachten kann - ein herrliches Naturschauspiel, fast ein wenig wie bei Hitchcock´s „Die Vögel" (Bild oben). Gehzeit pro Richtung gut 30 Minuten auf gutem, ebenem Pfad.

Wer die Übernachtung in der Natur nicht so sehr mag, kann einen der Campingplätze bei Engures aufsuchen. Alle sind schön gelegen, wobei ich nur Plätze ausgesucht habe, die mir auch zusagten. Es gibt noch einige Plätze mehr, was auch der Tatsache geschuldet ist, dass die Millionenstadt Rīga nicht mehr weit entfernt ist und die Besucherströme, besonders an schönen Wochenende, recht lebhaft werden können.

Der **Camping Abragciems** (**GPS** N57 11 52.2 E23 12 13.7, www.abragciems.lv, Tel. +371 63161668)) liegt etwas nördlich von Engures auf der Meerseite am Strand. Er bietet für einen vergleichsweise günstigen Preis (€ 14,00 inkl. Strom, zum Mittsommer mit deutlichem Aufschlag) die erste Gelegenheit zum Bleiben.

In **Engure** besteht Einkaufs- und Einkehrmöglichkeit, bevor weiter südlich mehrere Campingplätze folgen.

Radtour um den Engures ezers

Wer ausdauernd ist und stellenweise sandige Wege, teils auch steinige Schotterwege nicht scheut (Mountain Bike empfehlenswert), kann die 65 km lange Tour um den See in Angriff nehmen, der seit 1998 als Naturpark ausgewiesen ist.

An der Strecke liegen einige Sehenswürdigkeiten. Noch ohne das Fahrrad entdecken Sie die evangelische Kirche von Engure. Nördlich von Abragciems liegt die Rideļi Mühle, wo noch heute Grieß, Grütze und Graupen hergestellt werden. Die Route führt weiter bis hinauf nach **Mērsrags** (siehe Stellplatzhinweis) und zweigt dann ans Nordufer des Sees ab. In **Mērsrags** können Sie das Vereinshaus (Museum) sowie die lutherische und die Baptistenkirche besichtigen.

Auf der Ostseite des Sees führt die Route über Dzedri (lutherische Kirche) dem Seeufer folgend zurück nach Engure.

CAMPINGPLÄTZE AN DER ROUTE

Beim **Seaside Camping Kesterziems** (**GPS** N57 07 27.7 E23 13 32.7, www.piejurasnams.lv, Tel. +371 2945 6073) habe ich Mitte September (auch telefonisch) niemanden erreicht. Der großzügig angelegte Platz mit Stellplätzen auf Wiesengelände, Spiel- und Sportstätten macht aber einen sehr ansprechenden Eindruck (Bild).

Kurz nacheinander folgen kurz vor **Apšuciems** zwei Plätze. Der erste liegt auf der Meerseite im Kiefernwald unweit des Strandes (**GPS** N57 04 22.0 E23 16 57.0). Der Platz schien mir aber nicht sehr einladend. Ein eher einfacher Platz in Familienbesitz folgt wenige Meter weiter auf der anderen Straßenseite. Er ist auf einem ehemaligen Gehöft bei auf der Landseite der P128 gelegen (**Camping Čiekuri**, **GPS** N57 03 55.6 E23 17 34.2, Tel. +371 26527168). Der Platz ist einfach, aber gepflegt, familiär und preisgünstig (€ 15,00).

In den Ķemeri-Nationalpark

Zwischen **Klapkalnciems** und der Landspitze **Ragaciems** wird, wiederum auf der Meerseite, ein Parkplatz erreicht, auf dem eine Parkgebühr erhoben wird. Der Platz ist ausgesprochen schön, wenn man nicht gerade ein Wochenende im Sommer erwischt, denn nach einem Spaziergang durch den Wald (Bild: Spaziergang im Morgennebel) in den Dünen steht man am makellosen Sandstrand - herrlich.

LAPMĒCIEMS - GAUŠA JŪDZE

Stellplatzart: .... Parkplatz
GPS: N57 01 59.7 E23 27 30.6
Adresse: .... Ragaciems, An der P128
Zufahrtinfo: Durch Klapkalnciems fahren, nach knapp 6 km auf der linken Seite unübersehbar (ausgeschildert).
Kurzbeschreibung: Asphaltierte Parkfläche, spezielle Stellplätze für Caravans/Wohnmobile mit Stromanschluss. Kioskbetrieb/Imbiss, Trockentoiletten, Picknick- und Grillstellen, Müllcontainer. Gebühr je Wohnmobil/Caravan (2014): € 14,00. Außerhalb der Saison wird nicht kassiert, wie man mir bekundete (Bilder vom Stellplatz und vom Strand).

Im weiteren Verlauf der P128 achten Sie auf die Ausschilderung nach **Ķemeri**. In dem alten, leider ziemlich heruntergekommenen Kurort, der hier und da noch den alten Glanz erahnen lässt, befindet sich das Informationszentrum des Nationalparks Ķemeri. Und wer zuvor einen schönen, ruhigen Parkplatz in der Natur sucht, kann auf einer kleinen, geschotterten Nebenstraße kurz vor dem Ort links abbiegen, um am Slokas ezers den Schlüssel zu ziehen (Bild unten: Blick vom Vogelbeobachtungsturm).

ĶEMERI - SLOKAS EZERS

Stellplatzart: .... Parkplatz
GPS: N56 57 26.3 E23 32 47.2
Adresse: .... Ķemeri, Slokas ezers
Zufahrtinfo: Kurz vor Ortseinfahrt der Ausschilderung folgen. Die schmale Straße führt vorbei an einer alten Industrieanlage durch den Wald zum See. Die Zufahrt ist nicht für große Wohnmobile geeignet (L<7 m, B<2,30): Parkplatzkapazität reicht nicht für größere Fahrzeuge, keine Wendestelle, stellenweise überhängendes Geäst.
Kurzbeschreibung: Geschotterter Parkplatz mit Picknick-/Grillstelle am See. Für die Beobachtung der gefiederten Freunde kann der Vogelbeobachtungsturm bestiegen werden (Zugang über eine Pontonbrücke).

ĶEMERI - NATIONALPARKZENTRUM

Stellplatzart: .... Parkplatz
GPS: N56 57 07.7 E23 30 48.1
Adresse: .... Ķemeri, Tūristu iela 1
Tel.: .... +371 67730078
mailto: .... pieriga@daba.gov.lv
Homepage: .... www.daba.gov.lv
Zufahrtinfo: Von der P128 Richtung Ķemeri fahren, kurz vor Ortseinfahrt rechts ab ausgeschildert. Kurze, gute Schotterstraße bis zum Parkplatz.
Kurzbeschreibung: Geschotterter Parkplatz beim Informationszentrum. Dort können Sie die Ausstellung über die Natur besichtigen und sich Informations- und Kartenmaterial für Ihre Unternehmungen besorgen.

DER ĶEMERI NATIONALPARK

Gegründet wurde der 38.165 ha umfassende Nationalpark 1997. Mehr als die Hälfte ist mit naturnahen Wäldern bewachsen. Ein Viertel sind Sumpf- und Moorgebiete, 10 % Wasserflächen. Entsprechend vielfältig sind die Flora und Fauna, darunter seltene Vogelarten wie der Schwarzstorch und Fischadler. Im Sommer kann man Bruchwasserläufer antreffen. Spechte finden im Totholz reichlich Nahrung, weshalb die häufig vorkommenden Vögel das Wappentier des Nationalparks sind. Besonders lebhaft geht es zur Zeit des Vogelzugs im Frühling und Herbst zu, wenn abertausende Vögel durchziehen und auch Rast machen. Ornithologisch Interessierte können im Informationszentrum Fragebögen holen und ihre Beobachtungen notieren, was den Wissenschaftlern hilfreich ist.
In den Wäldern befinden sich Schanzanlagen und Gräber aus den Weltkriegen.

VERBINDUNG NACH RĪGA

Hier können Sie nun den Besuch in Lettlands Hauptstadt Rīga vorziehen, den ich mir für die letzte Route der Reise aufbehalten habe. Fahren Sie von Ķemeri aus in südlicher Richtung zur A10 und auf dieser Richtung Hauptstadt. Die Fernstraße führt zwischen dem Fluss Lielupe und dem Babītes ezers hindurch. Dort finden Sie auch einen Campingplatz, der vielleicht Ihr Interesse findet, wenn Sie vor dem Hauptstadtbesuch nochmals etwas die "Ruhe vor dem Sturm" suchen (Erholungszentrum Elingi - **GPS** N56 56 48.6 E23 46 24.2 - Tel. +371 29141506, info@elingi.lv, www.elingi.lv). Auf der Campinganlage am Ufer der Lielupe mit 10 Caravan-/Wohnmobil-Stellplätzen (Strom, Ver-/Entsorgung, WiFi, gute Sanitärausstattung werden auch Bootstouren/Bootsverleih angeboten. **Öffnungszeiten**: Ganzjährig. Preis (2014): € 15,00/Fahrzeug + € 3,00/Pers.

Auf der A10 halten Sie sich später Richtung Zentrum. Und wenn Sie die imposante Hängebrücke über die Daugava entdecken, ist es nicht mehr weit zu den Stellplätzen, die ich für den Besuch empfehle (siehe Route 4).

VARIANTE ÜBER JŪRMALA

Sie können auch die Route nördlich der Lielupe wählen und von Ķemeri aus Richtung **Jūrmala/Jaunķemeri** fahren. So kommen Sie zunächst am Melnezers vorbei. Auf etwa halber Strecke zur P128 liegt links ein Parkplatz, der sich wiederum zur Vogelbeobachtung eignet, oder einfach für eine gemütliche Rast (**GPS** N56 58 06.5 E23 31 51.2).

Jūrmala ist durch den Zusammenschluss mehrerer Dörfer entstanden (darunter Ķemeri) und ist der beliebteste Badeort der Rīgaer. Auf dies komme ich ebenfalls in der Route 4 zum Ende dieses Buches zurück.

Ich dagegen orientiere mich Richtung A10 (Liepāja/Ventspils), denn nun steht die weitere Route durch Kurzeme auf meinem Plan. Und da erwarten Sie noch einige interessante Ziele. In und um **Tukums**, einer schönen, beschaulichen Stadt westlich der Hauptstadt, habe ich einige interessante Punkte gefunden, die es zu besuchen lohnt. Zunächst heißt es, noch einige Kilometer auf der A10 zu fressen.

Haben Sie Lust, gut essen zu gehen, vielleicht anschließend einen Spaziergang auf Lettlands erstem Barfußparcours zu machen, dann folgen Sie mir zum Erholungszentrum Valguma Pasaule im Ķemeri Nationalpark, den ich nun - dieses Mal von Süden her - nochmals aufsuchen werde. Zwar bietet man dort keine ausgesprochene Ausstattung für Wohnmobile. Mit Stromanschluss, Ver- und Entsorgung ist hier Fehlanzeige. Aber eine schöne Runde auf bloßen Füßen durch den Wald des Nationalparks ist nun wirklich nicht zu verachten. Und wenn Sie nach der Einkehr freundlich nachfragen, wird sich eine Gelegenheit zum Bleiben finden, wie man mir versicherte.

ROUTE 1

SMĀRDE - VALGUMA PASAULE

Stellplatzart: .... Restaurant, Parkplatz
GPS: N56 59 23.7 E23 18 55.9
Adresse: .... Smārde, Valguma Pasaule
Tel.: .... +371 63181222
mailto: .... info@valgumapasaule.lv
Homepage: .... www.valgumapasaule.lv
Zufahrtinfo: Halten Sie sich von der A10 Richtung Smārde, wo Sie den Nationalpark erreichen. Ein gutes Stück nach der Überquerung der Bahnlinie verzweigt sich die Straße. Sie halten sich links, biegen dann aber bald rechts ab, der Ausschilderung zur Erholungsanlage folgend. Es stehen mehrere Parkplätze zur Verfügung.
Kurzbeschreibung: Freizeitanlage mit mehreren Parkplätzen, jedoch nicht für Wohnmobile ausgestattet. Im Angebot sind, neben einem ansprechenden Restaurant, der Barfußpark, Nordic Walking Parcours, Sauna, Fahrrad- und Bootsvermietung, mehrere Fahrrad- und Wanderrouten am und um den nahen Valguma ezers (Infos an der Rezeption).

DAS GUT ĀRAMNIEKI

Die heutige Anlage entstand auf dem Gut Āramnieki, dessen Geschichte bis ins 15. Jh. zurückreicht, als hier noch das Dorf Valgums stand. Einer der späteren Eigentümer des Guthshofs Āramnieki war Gustav Erhardt. Aus seiner ersten Ehe mit Alice Neldner ging ein Sohn hervor, der Ihnen nicht unbekannt sein dürfte: Heinz Erhardt (1909-79), einer der bekanntesten, vielleicht der beste Komiker Deutschlands. Das Gut wurde zum Ende des 2. Weltkriegs zerstört, nachdem es von der Wehrmacht genutzt wurde. Während der Besatzung durch die Sowjets diente es als Gästehaus der Regierung der UdSSR. Unter anderem logierte Ministerpräsident Alexei Nikolajewitsch Kossygin hier. Entsprechend war das Gelände ein Hochsicherheitstrakt. Da kann uns die heutige Nutzung doch sicher nur lieber sein.

Sehenswertes in und um Tukums

Wenn Sie weiter Richtung Tukums fahren, liegt das Landgut **Šlokenbeka (Schlockenbeck)** am Weg. Das 1484 erstmals erwähnte Gut diente der Verteidigung des nahen Tukums (Tuckum). Heute ist es im Besitz des Verkehrsministeriums, weshalb auf

dem Gelände eine Straßenmeisterei, innerhalb der historischen Mauern ein Verkehrsmuseum untergebracht ist. Ein Besuch lohnt sich auch der Gebäude wegen. Der Parkplatz liegt vor dem Eingang des Museums und kann für eine Übernachtung genutzt werden (kein Camping! - **GPS** N56 58 33.9 E23 13 34.0, an der Straße Richtung Tukums. (www.slokenbekasmuiza.lv, Tel. +371 29904147). Dieser Hinweis mag vor allem interessant sein, weil die alten Gewölbe einen Weinkeller beherbergen und hier auch Degustationen angeboten werden. Irgendwie schon eine eigenartige Kombination aus Verkehrsmuseum und Weinprobe... Aber wir haben ja ein Wohnmobil und können dessen Vorzüge nutzen.

In Tukums selbst können Sie ein weiteres Landgut besichtigen: **Durbe**. Leider fand ich es als Baustelle vor - Renovierung! Der Parkplatz (**GPS** N56 57 58.8 E23 11 39.3/Mazā Parka iela 7) war nur eingeschränkt nutzbar. Erbaut 1671 und später mehrfach umgebaut, ist das Schloss eine Augenweide. Es steht mitten im Landschaftspark, der zu Spaziergängen einlädt. Im Erdgeschoss ist eine Ausstellung mit Ausstattungsgegenständen der Hofgüter zu sehen - ein interessanter Kontrast zu anderen Heimatmuseen" (Mazā Parka iela 7, Tel. +371 6312 2633, www.tukumamuzejs.lv).

Doch möchte ich das liebenswerte Städtchen besuchen. So bin ich einfach in die Stadt gefahren. Der Katharinenplatz entpuppt sich unerwartet als passabler Park- und Übernachtungsplatz (Bild unten links: Zarin Katharina I. in moderner Variante), was mir entgegenkommt, da ich Bekannte besuchen möchte.

Beeindruckend ist die Besteigung des Kirchturms der evangelischen Kirche unweit vom Katharinenplatz. Mein Glück, dass ich mit dem Pfarrer entfernt verschwägert bin und eine kleine Führung durch das alte Gotteshaus bekomme. Aber auch Sie können dies haben, wenn Sie tags ins Gemeindebüro gehen. Es ist eindrucksvoll, das Städtchen über die Dächer hinweg zu betrachten (Bild nächste Seite) und die - übrigens in Karlsruhe gegossene - neue Glocke zu bewundern.

TUKUMS - KATRINAS LAUKUMS (KATHARINENPLATZ)

Stellplatzart: Parkplatz
GPS: N56 57 56.4 E23 09 22.6
Adresse: Tukums, Katrinas laukums
Tel.: (Tourist Info) +371 63124451
mailto: tic@tukums.lv
Homepage: www.visittukums.lv
Zufahrtinfo: Auf der Rīgas iela in die Stadt, dann in die Dzelzcela iela ins Zentrum dort links ab auf den Parkplatz (ausgeschildert).
Kurzbeschreibung: Parkplatz mit grobem Kopfsteinpflaster, vergleichsweise ruhig entlang einer hohen Mauer. Sehr zentral, Einkehrmöglichkeit am Platz. Wenige Schritte zur Tourist Information (Talsu iela 5).

Nun geht es westwärts, wo weitere liebenswerte Kleinstädte auf den Besuch warten. Wieder fahre ich ein Stück auf der A10, um nach knapp 25 km links auf der P130 Richtung **Kandava** zu fahren. Die Abava wird mich ein ganzes Stück immer wieder begleiten. Auch in Kandava gibt es zwar keinen offiziellen Stellplatz, aber doch einen passablen Parkplatz, auf dem man mit einem kleineren Wagen auch mal nächtigen kann. Vor allem aber ist das nette Städtchen eine Besichtigung wert. Zudem habe ich eine Gelegenheit gefunden, um meinen Frischwasservorrat zu füllen (oberhalb der Kūrorta iela - **GPS** N57 01 56.8 E22 46 45.5).

ROUTE 1

KANDAVA - VECPILSETA

Stellplatzart: .... Parkplatz
GPS: N57 02 02.4 E22 46 43.5
Adresse: .... Kandava -Liela iela
Tel.: .... (Tourist Information) +371 63181150
mailto: .... info@kandava.lv
Homepage: .... www.visitkandava.lv
Zufahrtinfo: Von der A10 nach Kandava, an der ersten Ampel rechts ab, dann links ausgeschildert. ACHTUNG mit größeren Fahrzeugen! An der Einfahrt eine Schwelle, zudem überhängende Äste.
Kurzbeschreibung: Asphaltierter Parkplatz, dessen Kapazität für größere Fahrzeuge allerdings knapp ist. Kurzer Fußweg von 5-10 Minuten zur Burg und in das nette Altstädtchen.
Alternative: Von der P130 zweigt in der anderen Richtung die P108 ab (Liela iela), dort links ab ein weiterer, größerer Parkplatz mit benachbarter Einkaufsmöglichkeit.

ROUTE 1

Sehenswertes in Kandava

Über der Flussniederung scheint die Burgruine zu wachen, die man vom Parkplatz auf einem kurzen Fußweg erreicht. Weit schweift der Blick am Dach des mächtigen Pulverturms vorbei ins hügelige Land mit der Niederung der Abava (Bild vorige Seite unten). Dann gehe ich auf altem Kopfsteinpflaster in das Städtchen mit schönen, alten Häusern, viele davon aus Holz. Am Fuß der Pfarrkirche, die wiederum auf einem Hügel liegt, erwartet Sie der ansprechend gestaltete Tirkus laukums mit Spielplätzen, Blumen und Bäumen. Hier halten sich auch die Einheimischen gerne auf, was man gut verstehen kann. Im Ort selbst finden Sie auch Einkehrmöglichkeiten und das interessante Gebietsmuseum, das den Besuchern eine Fülle von Alltagsgegenständen zeigt, die früher tagtäglich in Gebrauch waren, jedoch nicht (nur) das obligatorische Handwerkszeug à la Spinnrad & Co., sondern historische Radio- und Telekommunikationsgeräte usw. (Tel. +371 63182064, www.kandavasmuzejs.viss.lv).

Auf dem Weg ins nächste schöne Städtchen Sabile (fahren Sie zur P130 zurück und auf diese rechts ab in die Kūrorta iela - man beachte den Namen…) finden Sie gleich rechts auf dem Parkplatz den eingefassten Brunnen (ausgeschildert). Wenn Ihr Trinkwasser nach einer Füllung ruft, sollten Sie anhalten. Nicht umsonst holen die Einheimischen kanisterweise das klare Wasser.

Knapp 15 km weiter erreichen Sie den Weinort **Sabile**. Sie haben richtig gehört: Weinort. Am sonnigen Südhang oberhalb des Städtchens wachsen tatsächlich Reben, die (in kleinen Mengen) auch zu heimischem Wein ausgebaut werden. Dass es Ihnen gelingt, einen Tropfen zu kaufen, ist dennoch unwahrscheinlich. Probieren Sie es, der Lebensmittelmarkt schräg gegenüber der Tourist Information hält das Sortiment bereit.

Doch gibt es noch ein paar ebenso spezielle Sehenswürdigkeiten. An der P130 werden Ihnen rechts die vielen lustigen Stoffpuppen auffallen, die von einer Anwohnerin vor Jahren geschneidert wurden. Inzwischen sind sie auf eine stattliche Anzahl angewachsen (Bild unten links) und warten darauf, dass die Gäste ihren Gefallen an der guten Idee mit einer kleinen Spende in die aufgestellte Kasse honorieren.

Einige Meter weiter können Sie auf dem kleinen Parkplatz Glück haben, eine freie Parkbucht zu finden. Gleich nebenan besteht die Gelegenheit, einzukehren (Kafejnica Vina kalns). Vielleicht haben Sie dort Glück, einen guten Tropfen zu ergattern.

Ansonsten folgen Sie mir gleich links ab auf die P130, wobei ich gleich wieder links auf die später geschotterte Straße links abbiege. An dieser Strecke liegen mehrere interessante Ziele. Wer gerne mal eine Sommerrodelbahn besucht, holpert ein kurzes Stück auf Schotter und biegt dann steil in Serpentinen links hinab zum Ziel. Sie können dort auch einkehren. Und Gäste sind auf Anfrage auch über Nacht willkommen (Bilder unten).

Im Skulpturengarten Pedvāle Dare ist dies genauso, wobei dort natürlich Kunstinteressierte besonders angesprochen sind.

PILTIŅI - ZVIEDRU CEPURE

Stellplatzart: .... Parkplatz/Restaurant
GPS: N57 01 28.0 E22 35 35.3
Adresse: .... Piltiņi (kein Straßenname)
Tel.: .... +37126405405
mailto: .... zc@kopideja.lv
Homepage: .... www.zviedrucepure.lv
Zufahrtinfo: In Sabile Richtung Kuldīga (Kuldīgas iela), über die Abava und dann links ab über eine Schotterstraße. Nach 3,4 km zweigt links ein Sträßchen ab, das steil und in Serpentinen zum Parkplatz führt.
Kurzbeschreibung: Geschotterter Parkplatz bei der Sommerrodelbahn/Restaurant, im Winter Skibetrieb/-lift. Auf Anfrage nach Einkehr und/oder Besuch der Rodelbahn sind Sie auch willkommene Gäste über Nacht.
Info zur Sommerrodelbahn: Einzelfahrt € 0,70, 10er-Karte € 6,00. Café/Restaurant nebenan ganzjährig offen. Rodelbahn bei Regen geschlossen.

PEDVĀLE - PEDVĀLES BRĪVDABAS MĀKLAS MUZEJS

Stellplatzart: .... Parkplatz
GPS: N57 02 01.0 E22 34 01.1
Adresse: .... Pedvāle
Tel.: .... +371 325248
mailto: .... pedvale@pedvale.lv
Homepage: .... www.pedvale.lv
Zufahrtinfo: Wie Platz zuvor, kurz nach dem Ort rechts ausgeschildert.
Kurzbeschreibung: Geschotterter Parkplatz vor dem Gutshof mit Freilichtmuseum, nebenan empfehlenswertes Restaurant (Sommersaison, Winter nur auf Anfrage).

PEDVĀLE FREILICHTMUSEUM

Auf dem Gelände eines deutsch-baltischen Gutes, das die Eigentümerfamilie von Firks 1939 Richtung Deutschland verließ, war während der Sowjetzeit eine Kolchose. Ojārs Feldbergs erwarb das Gut 1992 und baut seither, im Freigelände seinen eindrucksvollen Skulpturengarten aus. Zugleich versucht er, die Häuser, besonders den Gutshof, wieder auf Vordermann zu bringen. Dies ist aufwändig, aber schon in großen Schritten gelungen. Sehenswert sind die Skulpturen im weitläufigen Gelände, dessen Besichtigung fast eine kleine Wanderung ist. Die Kunstwerke greifen bewusst die Natur ringsum mit auf und ziehen die Landschaft mit ein, beispielsweise die Türme im Bild unten rechts. **Öffnungszeiten/Info**: Mai-Okt. 10^{00}-18^{00} h, Winterhalbjahr bis 16^{00} h, Eintritt € 2,85/Erw.

Fährt man der Abava folgend auf der P130 Richtung Kuldīga, können Naturliebhaber den Parkplatz **Abavas Rumba** ansteuern. Das Naturschutzgebiet wurde aufwändig zum Naherholungsgebiet ausgebaut und bietet den Besuchern Picknick- und Grillstellen, Trockentoiletten und einen kleinen Wanderweg. Dass ich den Begriff "Wasserfall" in Anführungszeichen setze, mögen mir die Einheimischen verzeihen. Ich möchte eigentlich nicht einmal von einer Stromschnelle sprechen, da das Wasser doch eher nur leicht plätschernd über die kaum 50 cm hohe Gesteinsstufe fließt. Aber die Natur ringsum ist herrlich - ein perfekter Ort, um die Seele baumeln zu lassen.

P WC SABILE - ABAVAS RUMBA

Stellplatzart: .... Parkplatz
GPS: N57 04 11.7 E22 31 39.8
Adresse: .... An der P130 zwischen Sabile und Veģi

Zufahrtinfo: Von Sabile/Einmündung Ortsmitte links ab, nach etwa 4 km links ab der Parkplatz.
Kurzbeschreibung: Drei Parkplätze - der oberste an der P120 kostenfrei, die anderen gebührenpflichtig. Kassiert wird am Kassenhäuschen (Schranke). GPS-Daten bezeichnen den Parkplatz am Fluss. Mittlerer Parkplatz N57 04 13.6 E22 31 48.5, Parkplatz an der P130 N57 04 18.0 E22 32 02.1). Foto unten: Der "Wasserfall" Abavas Rumba, kleines Bild oben der Parkplatz am Fluss).

Abstecher über Talsi und Usmas ezers

Mit knapp bemessener Urlaubszeit folgen Sie der P120 bis Kuldīga, wo wir uns wieder treffen werden. Ich habe noch einen Abstecher in die Kreisstadt **Talsi (Talsen)**. Von dort werde ich zum Naherholungsgebiet rund um den Usmas ezers starten, verbunden mit schönen Camping- und Stellplätzen und einer sehr schönen Naturlandschaft. Wechseln Sie nach 4,8 km rechts auf die P120, die über Stende zur A10 und geradeaus nach Talsi führt. Die hügelige Landschaft wird gerne "Kurländische Schweiz" genannt. Sie ist geprägt von Feldern und Wäldern. Talsi liegt auf neun Hügeln, darunter natürlich ein markanter Burgberg (Pilskalns). Parken können Sie mitten in der Stadt und Ihren Spaziergang über den Burgberg mit der Stadtbesichtigung verbinden.

P TALSI - ZENTRUM (BURGPLATZ)

Stellplatzart: .... Parkplatz
GPS: N57 14 38.2 E22 35 30.5
Adresse: .... Talsi, Pilsetas laukums
Tel.: .... (Tourist Information) +371 63224165
mailto: .... tic@talsi.lv
Homepage: .... www.talsitourism.lv
Zufahrtinfo: Am Ortseingang gabeln sich die P120/P127 an einem großen Kreisverkehr. Fahren Sie schräg rechts durch die Stendes iela, die im weiten Bogen über den Hügel führt und biegen dann links ab in die Fabrikas iela. Auf dieser am See entlang, an dessen Ende links der Parkplatz.
Kurzbeschreibung: Asphaltierter Parkplatz am zentral gelegenen Burgplatz. Spazierweg an der Stadtpromenade vorbei zum Burgberg und in die malerische Altstadt.

ROUTE 1

Sehenswertes in Talsi - Stadt auf neun Hügeln

Der Hügel, an dessen Hang das Foto auf der vorigen Seite auf dem Weg vom Sonnenhügel her aufgenommen wurde, ist der Burghügel, der im 10.-14. Jh. von Kuren und Liven bewohnt wurde. Die römisch-katholische Kirche erhebt ihre Turmspitze rechts im Hintergrund über die Baumwipfel. Nicht weit davon entfernt finden Sie im Städtchen das Steingebäude der evangelischen Kirche.

Auf der anderen Seite des Talsu ezers erheben sich der Königshügel mit dem Stadtgarten sowie der Leču kalns mit sehenswerten Skulpturen für die Freiheitskämpfer und die Revolutionäre.

Das Zentrum der Stadt, die einst Sitz der kurländischen Herzöge war, ist ein malerisches Sammelsurium schöner, alter Häuser aus Holz und Stein. Sie finden gute Einkehrmöglichkeiten (Restaurants und Cafés). Die Tourist Information, bei der Sie ausführliches Material über die Stadt und den Landkreis erhalten, befindet sich nur wenige Schritte vom Burgplatz entfernt in der Liela iela 19/21 (Kontaktdaten siehe Stellplatzinfo).

Interessant für Technikfans ist das Museum für Landtechnik, das Sie in der Celtnieku iela 12 finden, am Weg also, den ich für die Weiterfahrt ausgesucht habe (Tel. +371 63291343 , www.llm.lv). Hier sehen Sie nicht nur schwere Landmaschinen, Traktoren etc., sondern auch Alltagsgegenstände, die das Leben auf dem Land im Lauf des 20. Jahrhunderts erleichterten.

Standen bei der Stadtbesichtigung Kultur und Geschichte im Vordergrund, liegt mir rund um den einige Kilometer westlich gelegenen **Usmas ezers** das Naturerlebnis im Sinn. So folge ich der Raina iela in südwestlicher Richtung bis zur A10 und biege auf diese ein, um bereits 25 km weiter westlich Station zu machen. Am Nordufer des Sees fand ich eine großzügige und komfortable Campingeinrichtung, verbunden mit einem Restaurant, Bademöglichkeit und schönen Rad- und Wanderwegen.

Wer einen einfacheren Platz sucht, wird nur ein kleines Stück weiter südlich am westlichen Ufer des Sees fündig, und nochmals ein paar Kilometer weiter wird auch der Wunsch nach einem schönen freien Stellplatz am Ufer des Sees erfüllt.

Die drei Plätze, alle direkt am See gelegen, bieten die Möglichkeit für Mountain Biker, den See zu umrunden. Wer das Usma Spa Hotel nebst Campingplatz als Domizil ausgesucht hat, genießt anschließend die Annehmlichkeiten der Erholungsanlage - sicher nicht die schlechteste Idee.

USMA - USMA SPA HOTEL

Stellplatzart: .... Campingplatz/Restaurant
GPS: N57 14 24.3 E22 10 08.6
Adresse: .... Priežkalni - Usma SPA Hotel
Tel.: .... +371 26334500, +371 63630491
mailto: .... usma@usma.lv
Homepage: .... www.usma.lv
Zufahrtinfo: Auf der A10 bis zur Abzweigung Usma, dort links ab, dann gleich wieder links (ausgeschildert)
Kurzbeschreibung: Großes Wiesengelände am Usmas ezers, teils schattig, Bootsanleger/-verleih, geführte Bootstouren, Spielplatz, Picknick- und Grillstellen, moderne Sanitärausstattung/Sauna, Waschmaschine, Ver-/Entsorgung, Stromanschlüsse, Restaurant (Fisch/Fleischgerichte/Pfannkuchen zu empfehlen, Bild unten links).
Alternative: N57 13 41.6 E22 10 06.9 - Camping Mežmalas kempings, Wiesengelände am See, schattig, Picknick- und Grillstellen, Spielplatz, Trockentoiletten, keine Ver-/Entsorgung, erreichbar von Usma SPA Hotel aus weiter am See entlang, dann links ab.

USMA - USMAS EZERS

Stellplatzart: .... Parkplatz
GPS: N57 12 30.4 E22 09 09.3
Adresse: .... Usma, am See bei der Kirche
Zufahrtinfo: Von den Campingplätzen weiter am See entlang ins Dorf, an der abknickenden Vorfahrt geradeaus bis zur Kirche, kurz danach links zum See.
Kurzbeschreibung: Geschotterter Parkplatz, Volley-/Basketballfeld, Picknick-/Grillstelle, schattige Wiese, kleine Seebühne (Bild rechts).

ROUTE 1

Radtour um den Usmas ezers

Entlang der Straße, die zum Parkplatz bei der ev.-lutherischen Kirche führt (sehenswert!), dann weiter ausgeschildert als Radtour Nr. 559. Die Route führt meist dem Ufer dicht folgend um die Südspitze, dann auf Schotterwegen bis zur A10 und auf dieser 5 km zum Ausgangspunkt zurück (ca. 48 km, keine wesentlichen Steigungen/Gefälle).

Gut 10 km noch bleibe ich der A10 in westlicher Richtung treu. Dann geht es weiter Richtung Kuldīga, jener Hansestadt, die einerseits den Anschein erweckt, die Zeit sei stillgestanden, andererseits aber einen herrlichen, kleinstädtischen Charme versprüht. Doch auf dem Weg dorthin lohnt sich noch ein Halt am Lielais Nabes ezers, denn dort befindet sich ein weiterer, besonders guter Campingplatz in landschaftlich schöner, ruhiger Lage. Dort finden all diejenigen, die sich gerne am Wasser aufhalten, ein lohnendes Ziel.

Ich nehme die Abzweigung links auf die P123 und genieße die leicht hügelige Landschaft auf dem Weg zu dem schönen Campingplatz nahe dem mäandrierenden Flusslauf der Venta. Im angrenzenden Wald können Sie herrliche Spaziergänge machen. Bereits von der Zufahrt aus genießen Sie den Blick auf die Venta.

ROUTE 1

PADURE - NABĪTES KEMPINGS

Stellplatzart: .... Campingplatz
GPS: N57 04 27.3 E21 48 49.8
Adresse: .... Padure
Tel.: .... +371 29458904
mailto: .... nabite@inbox.lv
Homepage: .... www.nabite.lv
Zufahrtinfo: Von der A10 auf die P123 abbiegen (10 km westlich von Usma) und 26 km bis zur P108 fahren. Dort wieder links. Nach 3.2 km ist der Campingplatz wiederum links ab ausgeschildert. Nun auf Schotter (enge Straße, aber gut befahrbar) knapp 2 km durch den Wald zum Ziel.
Kurzbeschreibung: Weites Wiesengelände, wenig Schatten, herrliche Lage am Lielais Nabes ezers, dort Bademöglichkeit, Platz für etwa 30 Wohnmobile mit Stromanschluss, Ver-/Entsorgung, moderne und saubere Sanitäranlagen. Picknick- und Grillstellen, Waschmaschine, Sauna, WiFi, Bootsverleih/Angeln, Café (Frühstück auf Vorbestellung).
Öffnungszeiten: Ganzjährig.

Über die P108 gelangen Sie in einer Viertelstunde (ca. 20 km) nach **Kuldīga**. Am Rand der Altstadt, jenseits der Brücke über die Venta oder etwas abseits an den Sandhöhlen, erwarten Sie schöne Plätze zum Übernachten. Zur Einkehr in der sehenswerten Altstadt, zum Spaziergang durch herrliche Parkanlagen oder an der Venta entlang, für einen Blick auf Lettlands größten Wasserfall und zum Besuch der etwas außerhalb liegenden, beeindruckenden Sandhöhle sollten Sie wenigstens einen Tag einplanen.

KULDĪGA - VENTAS RUMBA/CAFÉ PĪLADZĪTIS

Stellplatzart: .... Parkplatz/Restaurant
GPS: N56 58 13.9 E21 58 50.2
Adresse: .... Kuldīga, Stendes iela
Tel.: .... +371 29283859

Zufahrtinfo: Auf der P108 in die Stadt, ein Stück Richtung Liepāja halten, dann am Kreisverkehr in Grundrichtung links halten. Weiter auf der Mucenieku iela bis zur Venta, über diese hinweg und gleich rechts auf den Parkplatz beim Café.

Kurzbeschreibung: Asphaltierter Parkplatz, der an schönen Wochenendtagen (zumindest tagsüber) stark frequentiert ist. Alternativ kann man auf der anderen Seite der Stendes iela entlang der Straße parken, die später als Zufahrt zu den Sandhöhlen dient (Krasta iela). Der Parkplatz liegt auf dem Bild unten ganz am Bildrand rechts mit Blick auf den herrlichen Wasserfall.

Alternative: Ein **Parkplatz am Rand der Innenstadt (GPS** N56 58 00.4 E21 58 10.7) liegender Parkplatz findet sich in der Raina iela (neben der Mucenieku iela). Kurz nach dem Parkplatz zweigt links die Kalna iela ab, die zwischen der Altstadt und dem Schlossgarten zum Parkplatz bei der Ventabrücke führt.

ROUTE 1

Sehenswertes in und um Kuldīga (Goldingen)

Das Städtchen wird nicht umsonst als Filmkulisse für historische Streifen geschätzt. So ist hier zum Beispiel "Die Brücke" neu verfilmt worden, denn die (unter Denkmalschutz stehende) Brücke über die Venta ist ein beeindruckendes Bauwerk früherer Tage (Bild vorige Seite unten). Von dort aus können Sie zunächst zum Fluss hinabsteigen und den Wasserfall, der auf großer Breite über eine Gesteinsstufe tost, aus der Nähe betrachten (Bild vorige Seite oben). In dem Filmstädtchen wage ich es kaum, Ihnen etwas besonders für die Besichtigung zu empfehlen. Nehmen Sie sich ausreichend Zeit, um nach der Überquerung der Brücke mit ihrem groben Kopfsteinpflaster gemütlich durch die Gassen zu schlendern. Kurz nach der Brücke rechts streckt die sehenswerte Katharinenkirche ihren spitzen Turm in die Höhe. Die Straße führt vorbei an historischen Gebäuden zum Rathausplatz, wo sich auch die Tourist Information befindet (Baznīcas iela 5, Tel. +371 63322259, tourinfo@kuldiga.lv, www.kuldiga.lv). Direkt nebenan befindet sich das alte Rathaus. Das imposante neue Rathaus schließt den Platz ab. Wie ein Magnet wirken die Wasserspiele des Brunnens davor vor allem auf Kinder (oberes Bild). Die bunte Beleuchtung nachts ist besonders schön.

Neben der Tourist Information erwartet Sie eine von mehreren älteren Damen betriebene Weberei. Auf alten Webstühlen entsteht manch schönes Stück (Bild Mitte), das vielleicht den Weg zu Ihnen findet. Um die Ecke (Bild unten rechts) führt eine Treppe in ein altes Kellergewölbe, in dem man preiswert hervorragende lettische Gerichte genießt (Pagrabiņs, Tel. +371 63320034) .

Auf der anderen Seite des Rathausplatzes, etwas im Hintergrund, steht die katholische Dreifaltigkeitskirche im "katholischen Distrikt". Es lohnt sich, einen Blick in den Kirchhof und ins prächtige Innere zu werfen. Eine Straßenzeile weiter zurück gelangen Sie in die Liepājas iela, die Fußgängerzone, mit schönen historischen Gebäuden, darunter das auffällige Holzhaus, wo Sie im historischen Ambiente verschiedene Pfannkuchen genießen können. Zwei Häuser weiter erwartet Sie das Café Krikumiņs zu leckerem Kuchen, schräg gegenüber das Café Staburadze. Folgen Sie der Liepājas iela stadtauswärts, entdecken Sie die orthodoxe Kirche.

Wieder zurück in der Raina iela bei der katholischen Kirche geht man entlang schöner alter Holzhäuser auf die Kirche St. Anna zu (Dzirnavu iela 12), die inmitten eines schönen Kirchgartens steht. Folgt man der Muceniecu iela links ab und hält sich geradeaus, gelangt man in die Rumbas iela, was schon darauf hindeutet, dass sie in Richtung des großen Wasserfalls führt. Auf dem Weg dorthin sollte man den herrlichen Stadtgarten genießen, in welchem sich das Regionalmuseum befindet (Pils iela, Tel. +371 6332 2364. Über die Pils iela gelangt man wieder zur Backsteinbrücke zurück und über diese hinweg zum Wohnmobil.

In dieses steige ich nun ein und fahre vom Parkplatz in die gegenüber nordwärts führende Krasta iela, die nach etwa 4,4 km Schotterstraße (gut befahrbar) zu einem Parkplatz führt. Nun haben Sie etwa 10 Minuten Fußweg vor sich, um in die Unterwelt einzutauchen. Lassen Sie sich überraschen!

DIE SANDHÖHLEN SMILŠU ALAS

Die Sandhöhlen sind in schweißtreibender, auch gefährlicher Handarbeit entstanden. Hier wurde über drei Generationen hinweg hochwertiger Quarzsand abgebaut. Die Höhlen reichen etwa 2 km ins Erdinnere, 460 Meter davon sind beleuchtet und für Gäste begehbar. Die Eigentümerin Gefija Štofregena und ihre Familie bieten Führungen an und halten manch interessante Begebenheit aus der Vergangenheit und Hintergrundinformationen bereit. Sie erreichen die Halle der Liebe, die Frischvermählte gerne aufsuchen. Wenn Sie dort Blumen ablegen, halten diese in der feuchten Kühle oft monatelang, ohne zu welken (Bild vorige Seite). Die nächsten Hallen heißen "Halle des Glaubens" und "Halle der Hoffnung". Mit den Hinweisen und Erzählungen aus der bewegten Vergangenheit können Sie ausprobieren, wie alles auf Sie wirkt. Denken Sie für Ihren Besuch in den imposanten Sandhöhlen an warme Kleider. Dort unten ist es ganzjährig 8° C kühl. In der Tiefe fühlen sich übrigens acht verschiedene Fledermausarten wohl, die auch Sie sicher zu Gesicht bekommen (Bild unten links). **Öffnungszeiten/Info:** Täglich offen von 11^{00}-17^{00} h. Tel. +371 63324604, mailto: inesefo@inbox.lv, www.smilsualas.lv.

RUMBAS - RIEŽUPES SMILŠU ALAS

Stellplatzart: .... Parkplatz
GPS: N57 00 25.6 E21 58 41.8
Adresse: .... Kuldiga/Rumbas. Kein Straßenname.
Zufahrtinfo: Von Kuldīga aus in die Krastas iela (das ist die Straße gegenüber dem Café beim Wasserfall) und dieser 4,4 km folgen (ausgeschildert "Alas").
Kurzbeschreibung: Geschotterter Parkplatz mit Picknickbank und Trockentoilette. Privatgelände, daher unbedingt beim Höhlenpersonal nachfragen. Ein angemessenes Trinkgeld ist sinnvoll.

Die Weiterreise führt knapp 38 km von Kuldīga aus über die P116 bis **Skrunda**, eine gut befahrbare, befestigte Strecke. An der A9 biegen Sie dann rechts ab und nach 2 km schräg rechts auf die P117 Richtung Aizpute. Nach 7,5 km ist rechts ab das nächste Reiseziel ausgeschildert: Der Berghof, ein altes Hofgut. Alternativ können Sie ein Stück auf der P112 fahren und auf landschaftlich schöner und kürzerer Strecke, allerdings weitgehend auf Schotter, zum Ziel gelangen, das besonders mit Kindern interessant ist.

SIEKSĀTE - PIENA MUIŽA

Stellplatzart: .... Campingplatz
GPS: N56 41 26.6 E21 53 26.9
Adresse: .... Sieksāte, kein Straßenname.
Tel.: .... +371 265 18660
mailto: .... reservations@pienamuiza.lv
Homepage: .... www.pienamuiza.lv
Zufahrtinfo: Von der A9 bei Skrunde 2 km westwärts, dann auf die P117. Nach 7,5 km rechts ab ausgeschildert.

Kurzbeschreibung: Schön angelegter Campingplatz mit 10 Caravan-/Wohnmobil-Stellplätzen mit Stromanschluss, moderne Sanitärausstattung (DU/WC), Ver-/Entsorgung, Waschmaschine/Trockner, Sauna, Spielplatz, Bademöglichkeit, Restaurant, WiFi. **Öffnungszeiten**: Ganzjährig.

DAS MILCHMUSEUM (PIENA MUIŽA)

In einem Nebengebäude des historischen Gutshofes können Sie das besonders für Familien mit Kindern sehr schön gestaltete Milchmuseum anschauen. Gleich am Eingang erwartet Sie eine lebensgroße Kuh mit ihrem Kalb, die Ihnen Interessantes über die Entstehung der Milch und die Ernährung der Rinder erzählt, alles veranschaulicht durch "Gucklöcher" in der Plastikkuh. Eine Milch- und Käseküche sind ausgestellt - ein in ganz Lettland beliebtes und lehrreiches Ausflugsziel für Familien, Jugendgruppen und Schulklassen, wobei in der historischen Milchküche und in der Ausstellung alter Milchgefäße auch für Erwachsene Erinnerungen aus der Kinderzeit wach werden. (Bild unten).

ROUTE 1

Rad- und Wandermöglichkeiten ringsum sind möglich, wenn Sie den Aufenthalt etwas ausdehnen möchten. An der Rezeption hält man entsprechende Informationen für Sie bereit.

Zur Weiterfahrt kehre ich zunächst zur A9 zurück, um mich nun bald der Fahrt entlang der litauisch-lettischen Grenze in östlicher Richtung zu bewegen. Es wird nun nötig werden, etwas weitere Strecken zu fahren, denn der Süden, später auch der östliche Teil Lettlands, sind deutlich dünner besiedelt. Doch hat auch die Natur des Landes dort ihren Reiz. Der stetige Wechsel ausgedehnter Felder und tiefer Wälder, immer wieder unterbrochen durch schöne Dörfer und Städte, gestalten die Fahrt abwechslungsreich.

IN DEN SÜDWESTEN LETTLANDS - VERBINDUNG ZU DEN FÄHRHÄFEN

Den folgenden Abschnitt der Reise durch Kurzeme habe ich zusammengestellt, falls Sie sich mit dem Westen Lettlands begnügen oder ab Liepāja (oder Ventspils) die Fähre nach Travemünde ansteuern. Sie können diesen Teil des Landes auch mit einer Reise durch Litauen kombinieren, indem Sie über die **A9** zügig **Richtung Liepāja** erreichen. Von dort gelangen Sie südwärts schnell Richtung Litauen und ins etwa 100 km entfernte **Klaipėda**. Heißt Ihr Fährhafen Ventspils, können Sie auch entlang der Küste nordwärts nach Ventspils gondeln. Ebenso ist es möglich, bereits von Kuldīga aus über die P108 in die nördlichere Hafenstadt zu fahren.

Durch den Süden Kurzemes nach Osten

Ich bin sicher, dass es mir mit der Beschreibung der Route durch den Süden und Osten Lettlands gelingen wird, Sie auf das Landesinnere Lettlands neugierig zu machen.

Von Sieksāte können Sie die Reise via Skrunda und von dort weiter auf der P107 in südöstlicher Richtung bis **Ezere** abkürzen (etwa 40 km Fahrt auf gut ausgebauter Strecke). Dort treffen sich unsere Wege wieder.

Doch lassen Sie mich zunächst auf diejenigen eingehen, die einen Abstecher in die Region **Grobina/Priekule** einlegen möchten und von dort in den Fährort Liepāja reisen. Vielleicht möchten Sie auch gleich zu Anfang, wenn Ihre Fähre dort angelegt hat, zunächst das Landesinnere bereisen.

So fahre ich auf der A9 etwa 41 km auf wenig attraktiver Strecke westwärts. Bei **Durbe** gelangen Sie rechts der kurzen Zufahrt zum an einem See gelegenen, familiären Campingplatz Vinrozes. An der Zufahrt passieren Sie zwei Badestellen am See. Durbe selbst erwartet Sie mit der Burgruine, der sehenswerten Kirche und dem Regionalmuseum.

DURBE - VINROZES

Stellplatzart: .... Campingplatz
GPS: N56 37 11.2 E21 22 44.8
Adresse: .... Durbe, Vinrozes 2
Tel.: .... +371292 55854
mailto: .... kempings@vinrozes.lv
Homepage: .... www.vinrozes.lv
Zufahrtinfo: Von der A9 nahe Durbe rechts ab ausgeschildert.
Kurzbeschreibung: 10 Stellplätze für Caravans/Wohnmobile auf Wiesengelände am Durbe See, Bootsanleger, Dusche/WC, Wandern und Radeln in die Umgebung. WiFi nur auf Anfrage auf der Terrasse und im Aufenthaltsraum verfügbar (Bild unten).

Nicht weit von Durbe entfernt, biege ich links ab auf die zwar breit ausgebaute, aber geschotterte Verbindungsstraße in südlicher Richtung. So gelange ich auf die Ost-West-Verbindung P106, die von **Grobina** mehr oder weniger parallel zur lettisch-litauischen Grenze ostwärts verläuft. Knapp 15 km östlich von Grobina (bzw. 3 km nach der Einmündung meiner Abkürzungsstrecke) zweigt rechts ein Sträßchen in das verschlafene Nest **Virga** ab. Eigentlich ist es nichts Besonderes. Ein historischer Platz ist es dennoch. Der Hinweis auf das Denkmal für den Schwedenkönig Karl XII. machte mich neugierig. Er hatte mit seinen Truppen während der Feldzüge hier verweilt und erlitt im Kampf eine Verletzung. Rund um das Denkmal in der Nähe eines ehemaligen, jedoch ziemlich verfallenen Gutshofes ist eine nette Picknickstelle eingerichtet. Man steht im Schatten großer Bäume am Dorfteich - ein Platz, wie gemacht für Freunde ursprünglicher, freier Stellplätze.

VIRGA - KARLA ZABAKS

Stellplatzart: .... Parkplatz
GPS: N56 28 24.7 E21 24 51.2
Adresse: .... Virga (im Dorfmittelpunkt)
Zufahrtinfo: Von der P106 zweigt schräg rechts die Zufahrtstraße nach Virga ab (ausgeschildert ist auch das Denkmal für den Schwedenkönig).

Kurzbeschreibung: Geschotterter Parkplatz im Schatten hoher Bäume beim Dorfteich. In der Platzmitte die Skulptur, die das auf wundervolle Weise geheilte Bein des Schwedenkönigs in der Nachbarschaft zu Kanonen und Kanonenkugeln zeigt. Auf die Hintergründe dieser Heilung komme ich später an der Königsquelle zurück. Eine schöne Picknickstelle ist eingerichtet.

Folgt man der P106 ostwärts, liegt nach 13 km südlich der P106 die Kreisstadt **Priekule**. Die Stadt ist kein unverzichtbares Ziel, sieht man von Einkaufsmöglichkeiten und einigen schön renovierten Gebäuden ab.

Zu den Sehenswürdigkeiten gehören die lutherische Kirche (Aizputes iela) und der in der Nähe gelegene Gutshof der Familie Korff am Ortsausgang in südöstlicher Richtung. Noch etwa 2,5 km weiter außerhalb befindet sich links der P114 ein mondänes Kriegerdenkmal für die Gefallenen der Roten Armee nebst Parkplatz (**GPS** N56 25 54.7 E21 35 42.5). Interessant ist, dass die kleine Baptistenkirche, 1948 erbaut, die einzige Kirche in Lettland war, die während der sowjetischen Zeit errichtet wurde.

Folgt man der P114 in südlicher Richtung durch die hügelige, schöne Landschaft (Bild vorige Seite unten, ist nach knapp 20 km am Fluss Bārta die litauische Grenze mit der Region Žemaitija erreicht - eine mögliche Anschlussroute an den M&AE Wohnmobil-Reiseführer über Litauen.

Die Reise verläuft durch die abgelegene Region über **Nīgrande**, wobei das Fahrzeug eine Staubfahne aufwirbelt. Die P106 ist weitgehend geschottert (Bild links bei Nīgrande). Das Hügelland ist hier bis zu 182 m hoch. Die Gegend ist nur dünn besiedelt. Doch ab und zu entdeckt man ein Gehöft oder ein Weiler neben der Straße, man fährt an Feldern vorüber oder durch schattige Wälder.

Von der Grenzstadt **Ezere** aus können Sie eine weitere Verbindung nach Litauen nutzen.

Die P106 endet an der Grenze, nur ein kleines Stück südlich der Stadt. Kurz vor dem Ortseingang entdecke ich am Rand des Stausees einen netten Parkplatz, der mir für eine gemütliche Pause diente. Für Freunde freier Übernachtungsplätze erscheint er mir jedoch auch übernachtungstauglich.

P EZERE - PARKPLATZ AN DER P106

Stellplatzart: .... Parkplatz
GPS: N56 24 37.4 E22 21 35.0
Adresse: .... Ezere, an der P106
Zufahrtinfo: An der P106 beim Ortseingang links, etwas oberhalb der Fahrbahn.
Kurzbeschreibung: Kleiner, geschotterter Parkplatz neben der wenig befahrenen Fahrbahn. Sitzbank mit Ausblick auf den Stausee. Ein Fußweg führt schräg links ab auf dem Naturdamm hinüber ins Ortszentrum (Centras laukums).

Zemgale (Semgallen)

Es ist nicht ganz korrekt, wenn ich bei Ezers die Grenze zwischen Kurzeme (Kurland) und Zemgale (Semgallen) ziehe. Es gibt eigentlich seit Jahrhunderten keine Grenze mehr, seit Zemgale keine eigenständige Region Lettlands mehr ist. Man zählt grob die Grenzregion zu Litauen zu diesem schmalen Landesteil, der im östlichen Teil nach Norden hin von der Daugava begrenzt wird. Diesem Gedanken schließe ich mich ab Auce an. Freuen Sie sich dass Zemgale einiges für Groß und Klein zu bieten hat, das Sie nicht verpassen sollten. Als Höhepunkt ist Pilsrundāle (Schloss Ruhenthal) zu werten, jenes Prachtschloss, das heute der lettischen Regierung für Staatsempfänge dient.

Ich folge ab Ezers der gut asphaltierten P105, bis diese links abzweigt. In einer Kurve liegt ein kleiner **Parkplatz** nahe dem früheren Gasthaus Grīvaišu Krogs, der zugehörigen Kirche und dem Friedhof (**GPS** N56 25 27.1 E22 25 48.9). Nun geht es auf der - weitgehend geschotterten - P96 weiter. Ich genieße die traumhafte Abendsonne, die von den Staubfahnen der vorbeisausenden Fahrzeuge und dem frühherbstlichen Dunst getrübt wird (Bild). Sie können mir auf einen Abstecher auf kleinen Nebenstraßen durch eine wunderschöne Hügellandschaft mit der Königsquelle folgen.

Abstecher zur Königsquelle

Etwas mehr als 15,2 km sind es auf der guten Schotterpiste, bis Sie den Blinker links setzen können (Schild: Kokmuiža 13 km). Die Strecke verläuft kurvig zu einer früheren Kolchosesiedlung, in welcher jeder Strommast von Störchen besiedelt zu sein scheint (Bild unten links). Durch die sumpfige Grundmoränenlandschaft-der letzten Eiszeit gondle ich am markanten Burghügel vorbei weiter, bis ich nach insgesamt 10,5 km rechts abbiege. Jetzt sind es noch 5,1 km auf Schotter, bis ich einen kleinen Parkplatz links der Piste als einsames Nachtquartier aufsuche (**GPS** N56 30 08.4 E22 46 29.7 - Bild unten rechts). Hier hatte ich schon früher mehrfach genächtigt. Aber das Konzert der Hirschbrunft bei der letzten Recherche, dem ich die ganze Nacht hindurch lauschen kann, beeindruckte mich jüngst mächtig.

Beim abendlichen Gassi gehen mit meinem Hund bleibt es nicht aus, dass das Röhren der offensichtlich nahe im Gestrüpp umherziehenden, brünftigen Hirsche ein ziemlich mulmiges Gefühl verursacht. Das Konzert der Natur wird dann beim Morgenspaziergang zur Abwechlsung immer wieder unterbrochen vom Trompeten vorüberziehender Kranichformationen, die früh lärmend zu ihren Futterplätzen ziehen, um sich für den herbstlichen Weiterflug nach Süden zu stärken. Dieses Naturerlebnis, das ich hier zum wiederholten Male erlebte, bleibt mir sicher noch lange gut in Erinnerung.

Die Schotterstraße verläuft weiter in südöstlicher Richtung durch das schöne Hügelland, vorbei an einzelnen Gehöften. 3,7 km weiter zweigt links eine kleine Piste ab, die nach kurzer Strecke auf einen etwas unebenen Parkplatz führt. Dieser Platz ist übrigens durchaus übernachtungstauglich (**GPS** N56 29 00.7 E22 49 26.1). Wenn Sie aussteigen und ein Stück talwärts gehen, erreichen Sie in wenigen Schritten die Königsquelle, die weithin bekannt und beliebt ist. Dem Wasser wird nämlich eine

heilende Wirkung zugesprochen. Ja sogar der Schwedenkönig Karl XII. soll hierdurch Genesung für sein verletztes Bein gefunden haben. Mit Kanister und Schöpfkelle mache auch ich mich auf in die bewaldete Senke, um das frische Nass für meinen Frischwassertank zu bunkern. Was anderen hilft, sollte mir ja nicht schaden. Dann ziehe ich weiter und erreiche nach gut 1,3 km wieder die P96.

Wenn Ihnen die engen Schotterpisten zu viel des Guten sind und Sie auf das Naturerlebnis verzichten möchten, können Sie diesen Abstecher also auch auslassen und bis zur Einmündung in die P104 nach 3,4 km holpern. Durch eine schattige Allee erreiche ich in südlicher Richtung das Schloss Vecauce und direkt danach den Ort Auce, wo ich meine Lebensmittelvorräte auffülle.

SCHLOSS VECAUCE

Das 1842-45 im Stil englischer Lustschlösser erbaute Prunkgebäude wurde 1905 bei Unruhen im Land von einer Feuersbrunst stark beschädigt und 1907 wieder aufgebaut. Es ist heute ein Kultur- und Tagungshotel. Mit einem schelmischen Schmunzeln meinte die Dame, die meiner Frau und mir vor einigen Jahren das Hochzeitszimmer zeigte, dass direkt darüber sich ein Erker befinde, auf dem seit Jahren ein Storchennest befinde. Was liegt also näher, als genau hier frisch vermählte Paare unterzubringen… Im Untergeschoss wird auch nach wie vor ein Restaurant betrieben, in dem Sie günstig und gut essen können.

Umgeben wird das prächtige Gebäude von einem 13 ha großen Park, der vom Schulungs- und Forschungsinstitut der Universität Lettlands gepflegt wird. Dieser Hochschule untersteht das Schloss heutzutage. Auch Kriegsgräber von deutschen und russischen Soldaten aus dem I. Weltkrieg sind hier zu finden. Ein ausgedehnter Spaziergang durch das sommerliche Blütenmeer lohnt sich. Und wenn Sie zuvor anfragen, können Sie im Schossrestaurant, wie schon erwähnt, auch essen gehen (Tel. +371 63745302, mailto: vecaucespils@gmail.com).

ROUTE 2

Da **Auce**, vom Schloss abgesehen, nichts Besonderes bietet, bleibe ich der am Ortseingang links abzweigenden P96 treu und fahre knapp 30 km weiter in östlicher Richtung, wo ich die P103 erreiche und rechts Richtung **Tērvete** abbiege. Dort erwartet Sie ein erster Höhepunkt der Reise durch Zemgale, der **Naturpark von Tērvete**.

Ein Besuch dort sollte auch auf keiner Reise durch Lettland fehlen, und dies ganz besonders, wenn Sie Kinder an Bord haben. Zudem steht Ihnen dort eine kleine Auswahl schöner Stellplätze zur Verfügung, sodass für die gute Übernachtung gesorgt ist.

TĒRVETE- TĒRVETES DABAS PARKS

Stellplatzart: Campingplatz/Wohnmobil-Stellplatz
GPS: N56 29 14.1 E23 22 22.5
Adresse: Tērvete, an der P103 vor Ortseingang
Tel.: +371 63726212
mailto: tervete@lvm.lv
Homepage: www.mammadaba.lv
Zufahrtinfo: Von der Einmündung der P96 auf die P103 rechts ab Richtung Tērvete fahren, vor dem Ort beiderseits Parkplätze.
Kurzbeschreibung: Der Parkplatz beim Eingangsbereich zum Naturpark von Tērvete ist gebührenpflichtig (€ 10,00/Tag), dort Stromanschluss möglich, während der Öffnungszeit auch Restaurant/Café und WC.
Zusatzparkplatz: Auf der anderen Straßenseite befindet sich ein weiterer, größerer Parkplatz. Auch dort sind Stellplätze speziell für Wohnmobile mit Stromanschluss eingerichtet worden (gebührenfrei).

TĒRVETES DABAS PARKS (NATURPARK VON TĒRVETE)

Der Naturpark wird von der staatlichen Forstverwaltung bewirtschaftet und ist mithin einer der besten Plätze für Familien und all diejenigen, die Kindergeschichten mögen. Auf einer Fläche von über 1.200 ha können Sie auf ausgeschilderten Wegen (1 bis 6,3 km) durch die Märchenwelt spazieren oder radeln, finden Spielplätze und staunen im Zwergenwald über manche Begegnung. Vom Parkplatz starten Sie in den Märchenwald, in dem der Waldkönig Sie erwartet. Der Wald ist von vielen geheimnisvollen Einwohnern bewohnt: Da gibt es die Nadelwaldhexe, auch Fledermäuse und Spinnen sind zu entdecken. Teufelskinder spielen Verstecken, und

ROUTE 2

der Waldkönig kümmert sich um die Ordnung all dessen. Um diesen Teil des Parks verläuft der Pfad der Forstmutter, die vieles zu Tieren, Bäumen, Pilzen und anderen Naturerscheinungen zu erzählen hat.

Im Zwergenwald geht es darum, wie die kleinen Wichte im Wald leben und arbeiten. Im Zwergendorf Rukova gilt es die Werkstatt des Zwergenvaters kennenzulernen, der alte Handwerke und Werkzeuge zeigt. Das Dorf ist auch das Reich der Zwergenmutter. Sie hält im Sommercafé Süßes und kleine Snacks aus der Hexenküche für die Gäste bereit und treibt mit ihnen ihren Schabernack (Bild vorige Seite rechts unten von Torsten und Pia Schabe).

Ein richtiger Abenteuerspielplatz ist die „Wiese des Riesen Hängeohr" in Form des Märchenschlosses, das etwas wie ein Wildwest-Fort anmutet. Ringsum führt der Pfad des Däumlings und des Hängeohrs.

Auch der Lerneffekt soll nicht zu kurz kommen, denn die Forstverwaltung vermittelt mit Informationstafeln auch Wissen fürs „echte Leben".

Da das Wegenetz doch recht umfassend ist, können Sie entweder ein Fahrrad mitbringen oder mieten. Ebenfalls ganz lustig kann die Fahrt mit dem Tērvetes „Dampfzug" sein, der Sie gemütlich und mit lustiger Unterhaltung durch den Park chauffiert.

Über all dem möchte ich nicht unerwähnt lassen, dass es im Ort noch das Regionalmuseum zu besichtigen gilt, und auf dem Weg dorthin finden Sie unterhalb der Straße ein weiteres gemütliches Restaurant mit herrlicher Freiterrasse. Die Parkplätze des Restaurants und des Museums sind allerdings nicht groß (Restaurant) bzw. nach Museumsschluss verschlossen (unterhalb des Aussichtsturms im Ort).

Es hat Ihnen hier gut gefallen, Sie stehen aber lieber an einem Badesee? Auch kein Problem. Die Forstverwaltung betreibt noch einen weiteren Platz am Tērvetes ezers. Diesen erreichen Sie auf einem kleinen Abstecher, indem Sie zunächst auf der P103 weiterfahren, dann aber einen kleinen Abstecher nach links auf die P95 machen und bald links ab zum See abbiegen.

P ≈ WC TĒRVETE - TĒRVETES EZERS

Stellplatzart: .... Parkplatz
GPS: N56 29 41.3 E23 24 26.6
Adresse: .... Tērvete, nahe der P95
Zufahrtinfo: Auf der P103 aus dem Ort, dann links abbiegen auf die P95 (Richtung Jelgava). Nach genau 2 km zweigt links ein Sträßchen ab. Nach gut 900 m an der Gabelung links halten und zum Parkplatz fahren. Mit einem Wohnmobil sollten Sie nicht weiter auf dem Damm fahren - das Sträßchen ist eng und zudem kaum eine Wendemöglichkeit gegeben.
Kurzbeschreibung: Geschotterter Parkplatz mt Mülltonne und Trockentoilette, kleiner Badestrand.

Wieder auf der P95, heißt es nun zurück zur P103 und dort links ab Richtung Bauska zu fahren. Naturliebhaber erreichen nach 12 km einen Wanderparkplatz abseits der Durchgangsstraße. Von dort führt ein ausgeschilderter Weg ins Sumpfgebiet **Vilce** (**GPS** N56 25 22.7 E23 32 28.5). Sie sehen es mir bitte nach, dass ich angesichts starken Regens keine Wanderung ausprobieren wollte. Aber die Anwohner bestätigten mir, dass man gerne Gäste sehe. An der Ausfahrt zur P95 sehen Sie rechts das Schloss nebst Museum - doch selbst dort war offensichtlich das Wetter zu schlecht (oder die Saison schon vorüber?).

So fahre ich weiter, denn es erwartet mich das wohl beeindruckendste Schloss Lettlands: **Pilsrundāle**. Doch nicht nur das Schloss ist bei jeder Lettlandreise ein Fixpunkt. Mir hat es die **Gaststätte Baltā Māja** angetan. Keine Frage, dass ich die gut 31 km hinter mich bringe, zumal die Strecke hier etwas eintönig ist. Kaum von der P103 abgebogen, kann ich auch schon beim ausgeschilderten Wohnmobil-Stellplatz den Schlüssel ziehen und mich dem gemütlichen, hervorragenden Abendessen widmen.

ROUTE 2

PILSRUNDĀLE - BALTĀ MĀJA

Stellplatzart: Wohnmobil-Stellplatz/Restaurant
GPS: N56 24 58.8 E24 01 49.7
Adresse: Pilsrundāle, Baltā Māja
Tel.: +371 291 21374
mailto: baltamaja@inbox.lv
Homepage: www.hotelbaltamaja.lv
Zufahrtinfo: Von der P103 aus der Ausschilderung nach Pilsrundāle folgen, im Ort links ab ausgeschildert. Die Parkplatzeinfahrt befindet sich gleich wieder rechts ab.
Kurzbeschreibung: Gepflegter Stellplatz hinter dem Gasthaus, in dem man prima Essen gehen kann. Hier wird noch die lettische Küche gepflegt. Und das Ambiente ist eine Mischung aus rustikaler Bausubstanz, dunklen Eichentischen und stilvoll zusammengetragenen Sammlerstücken aus dem Hausrat früherer Tage. Einer meiner von Herzen ausgesprochenen Einkehrtipps in Lettland (Bild vorige Seite unten).
Das ehemalige Dienerhaus des Schlosses befand sich nach der Wende in einem erbärmlichen Zustand und wurde von der Familie Ikerts mit viel Liebe zum Detail wieder hergerichtet. So strahlt es förmlich in der Sonne - drinnen können Sie es sich schmecken lassen. Ganzjährig offen.

PILSRUNDĀLE - SCHLOSS RUHENTHAL

ROUTE 2

Das frühere Schloss wurde 1735 von Graf Ernst Johann Biron gekauft. Die Gebäude aus dem 15./16. Jahrhundert (gegenüber dem Gasthaus Baltā Māja) wurden abgebrochen und die Steine für den Bau des neuen Schlosses verwendet, den der Baumeister Francesco Bartolomeo Rastrelli leitete. Die erste Bauphase dauerte bis 1740. Dann mussten die Arbeiten im November wegen eine Staatsstreichs in Russland abgebrochen werden - und der Graf musste in die Verbannung.

1762 wurde er von Katharina der Großen begnadigt und kehrte 1763 zurück. Nun benötigte er zunächst einen neuen Bauleiter, doch kehrte 1764 auch Rastrelli zurück. Nach einigem Hin und Her erfolgte dann 1768 die Fertigstellung - ein Schloss mit prächtiger Innenausstattung und 138 Räumen, einem herrlichen Park und entsprechenden Nebengebäuden diente nun als Birons Sommerresidenz. Besonders sehenswert sind, neben den Wohnräumen, der Goldene

Saal, der als Thron- und Audienzsaal diente, sowie der Weiße Saal, der ursprünglich eine Kirche werden sollte, dann aber in der zweiten Bauphase zum Tanzsaal umgewidmet wurde. Prächtig sind auch die große und die kleine Galerie vor dem Weißen Saal. Sehenswert ist zudem die Porzellansammlung.

Wie in den Residenzschlössern üblich, gibt es noch einige prachtvolle Repräsentationsräume, alleine im Südflügel 10 an der Zahl, allesamt mit kostbarer Ausstattung in verschiedenen Grundfarben. Daneben gilt es die Wohngemächer zu besichtigen. Und im anderen Flügel warten auch die Gemächer der Herzogin auf Sie.

Im Museum sehen Sie die ständige Ausstellung „Gotik bis Jugendstil", eine erschöpfende Ausstellung zur Baugeschichte, Stein- und Metallschmiedearbeiten in Lettland, sowie andere wechselnde Ausstellungen.

Keinesfalls vergessen darf man den unglaublich schönen Schlossgarten und den Park, in dem einst über 32.000 Linden gepflanzt worden waren (!). Der Französische Garten auf der Sonnenseite des Schlosses ist wieder fast in alter Pracht und Größe und in strengen geometrischen Formen angelegt worden. Die Abschnitte sind von Hecken umgeben - ein Traum für alle Gartenfreunde, auch wenn Ihr Vorgarten sicher deutlich kleiner sein dürfte.

Besonders schön ist der Rosengarten zur Blütezeit Tausender bunter Blüten.

Die Obstgärten erstrahlen im Frühling als Blütenmeer, und der Jagdgarten lädt zum ausgedehnten Spaziergang ein.

Für das prachtvolle Schloss können Sie gut und gerne mindestens einen halben Tag einplanen. Und da man dies sicher nicht ganz ohne Essen und Trinken tun sollte, gibt es auch im Schlossgelände Einkehrmöglichkeiten, nicht zu vergessen natürlich auch das Restaurant Balta Māja.

Öffnungszeiten/Info: Kassenzeiten sind täglich ab 10^{00} h, im Mai/Sept./Oktober bis 17^{30} h, Juni-Aug bis 18^{30} h, Winter bis 16^{30} h. Kassenzeit des Museums ist stets eine halbe Stunde kürzer als die Öffnungszeit des Museums, ausgenommen die Parkkasse, da der Park und die Gärten eine Stunde länger (im Sommer an Wochenenden bis 21^{00} h) geöffnet sind. Tel. +371 63962197, booking@rundale.net, www.rundale.net. Eintritt (große Tour) € 4,98, Gärten € 2,85.

Nun ist es ein Katzensprung ins lebhafte Städtchen **Bauska (Baukse),** was sich mehr auf den Fernverkehr bezieht, der mitten durch die Stadt donnert. Gemütlich geht es da nicht zu. Passend zur verkehrstechnischen Bedeutung finden Sie nach Überquerung der Brücke über die **Mēmele** links die **Ordensburg**, die teils wieder rekonstruiert ist (oberes Bild). Schließlich war schon zu Ritters Zeiten die Überwachung des Verkehrs wichtig. Wer einen Halt zum Einkauf einlegen möchte, findet in Höhe des Kreisverkehrs ein Einkaufszentrum nebst Tankstelle. Sehenswert ist allenfalls der Marktplatz, der von einigen schönen Altbauten umgeben ist, in deren Mitte sich das Rathaus befindet.

Zum Straßenverkehr passt auch das **Verkehrsmuseum**. Halten Sie sich am Kreisverkehr Richtung Rīga und folgen der A7/E67. Fast 400 m nach der Brücke über die Mēmele biege ich links ab. Das Verkehrsmuseum, in dem Fahrzeuge des 20. Jahrhunderts zu bewundern sind, liegt an der ersten Abzweigung rechts (**GPS** N56 24 53.5 E24 10 48.7). Für kleine Gäste gibt es einen Spielplatz. Die Älteren dürfen die Fahrzeuge als Spielplatzersatz betrachten. **Öffnungszeiten/Info**: Tägl. 10^{00}-18^{00} h, Eintritt € 1,71/Erw., Tel. +371 670 25887, mailto: info@motormuzejs.lv, www.motormuzejs.lv. - Bilder unten).

Verlässt man Bauska Richtung Mežotne, kann man den privat betriebenen Campingplatz aufsuchen, die richtige Adresse, wenn Sie diese Art von Übernachtungsplätzen schätzen und sich selbst versorgen. Oder man fährt zum **Schloss Mežotne**, einem weiteren lohnenden Besichtigungsziel. Das 2001 renovierte Schloss inmitten des herrlichen Landschaftsparks an der Mēmele ist nicht nur selbst ein Augenschmaus - auch der Gaumen kommt nicht zu kurz. Im Erdgeschoss kann man ihn im guten Restaurant verwöhnen - und nach der Anfrage auf dem Parkplatz gerne bleiben.

MEŽOTNE - MEŽOTNES PILS

Stellplatzart: .... Parkplatz/Restaurant
GPS: N56 26 18.8 E24 03 12.8
Adresse: .... Mežotne, Mežotnes pils
Tel.: .... +371 639 60711
mailto: .... pils@mezotnespils.lv
Homepage: .... www.mezotnespils.lv
Zufahrtinfo: In Bauska von der A7/E67 links auf die Draudzibas iela, auf dieser 9,5 km bis in den Ort Mežotne, wo das Schloss ausgeschildert ist.
Kurzbeschreibung: Asphaltierter Parkplatz vor dem Schloss, in dem ein gutes, gepflegtes Restaurant sowie ein Café untergebracht sind. Zwischen Schloss und dem Fluss Mēmele liegt der schöne Park mit Picknick- und Grillstellen sowie einem kleinen Badeplatz am Fluss. Im Restaurant wird lettische Küche angeboten. Empfehlenswert.

BAUSKA - NAMEJI

Stellplatzart: .... Campingnplatz
GPS: N56 24 38.1 E24 10 03.1
Adresse: .... Bauska, Nameji/Draudzības iela
Tel.: .... +371 298 82122
mailto: .... nameji@inbox.lv
Homepage: .... www.nameji.lv
Zufahrtinfo: Wie Zufahrt zum Schloss Mežotne, jedoch liegt der Platz bereits nach knapp 1 km auf der rechten Seite (ausgeschildert).
Kurzbeschreibung: Wiesengelände hinter einem ehemaligen Gehöft, dahinter landwirtschaftliche Fläche. Daher sehr ruhig. Privat betriebener Platz mit Ver-/Entsorgung (keine Chemietoilette!), Stromanschluss, Preis je Wohnmobil pauschal € 15,00, WiFi, Sauna und Mahlzeiten auf Anfrage.

Nun setze ich die Fahrt von Bauska aus in östlicher Richtung fort. Die Straßenverhältnisse sind leider auch hier noch etwas „hinterher" und die eine oder andere Schotterpiste lässt sich nicht vermeiden, will man nicht größere Umwege fahren. Dafür entschädigt aber eine sehr schöne Landschaft, viel fast unberührte Natur und über all dem auch der eine oder kleine Höhepunkt, bei dem sich ein Halt lohnt.

Zunächst fahre ich zurück Richtung A7/E67 und überquere diese geradeaus (P87). Sie werden ja nicht unbedingt das Pech haben, einen Tag mit strömendem Dauerregen zu erwischen. Dann nämlich sieht der Wagen schon mal etwas eigenartig aus... Knapp 21 km gondle ich auf abwechslungsreicher Strecke zwischen Feldern, Wiesen und Wäldern hindurch. Dann zweigt schräg rechts ein Nebenstrecke in südöstlicher Richtung ab. Diese führt nach Skaistkalne und damit ganz dicht an die litauische Grenze und folgt dann mehr oder weniger direkt dem Flusslauf der Mēmele, die nun der Grenzfluss ist. Man überquert nach 11 km die P89 holpert weitere 19 km entlang der Grenze weiter bis zur P73. Auf diese biege ich rechts ein und gelange so in südöstlicher Richtung. Jenseits der Grenze liegt übrigens der Biržai Regionalpark, den Sie im M&AE Wohnmobil-Reiseführer Litauen näher kennenlernen können (Bild am Grenzfluss Mēmele siehe unten).

Ich gondle aber weiter bis **Nereta**, wo ich kurz in den Ort einbiege und einkaufen gehe. Eine Tankstelle gibt es hier auch, sodass die Versorgungssituation wieder geregelt ist, bevor ich nach 9,4 km rechts abbiege, um den **Saukas ezers** im gleichnamigen Naturschutzgebiet zu erkunden.

Ausflug in den Saukas Dabas Parks

Mit dem **Saukas Naturpark** habe ich eine schöne Naturlandschaft rund um den gleichnamigen See für Sie erkundet. Hier sind Naturfreunde gut aufgehoben. Sie finden eine ursprüngliche Landschaft vor, einen schönen See und hier und da ein nettes Dorf. Und nicht zuletzt erwarten Sie schöne, kleine Campingplätze. Auf diesen Plätzen der Naturschutzverwaltung können Sie sich für wenig Geld für ein, zwei Nächte einquartieren. Zudem kommen Sie in Kontakt mit Einheimischen, die auch selbst gerne hier ihre Freizeit gestalten. Vom Massentourismus ist diese schöne Gegend weit entfernt.

LONE - BINCĀNI

Stellplatzart: Campingplatz
GPS: N56 16 12.5 E25 25 28.9
Adresse: Saukas, Bincāni
Tel.: (Ansprechpartnerin: Gita) +371 294 28226
mailto: saukasdabasparks@inbox.lv
Homepage: www.saukasdabasparks.lv
Zufahrtinfo: Von Nereta aus folgen Sie der P75 knapp 9,5 km weit und biegen rechts ab nach Lone, fahren durch den Ort und achten 400 m nach Ortsausfahrt auf die Abzweigung links ab (ausgeschildert).
Kurzbeschreibung: Wiesengelände ein Stück oberhalb des Sees. Im Gästehaus können Sie (auf Vorbestellung) auch Essen bestellen. Stromanschluss auf Anfrage möglich, ebenso Sauna (€ 5,00/2 Std. pro Person). Unterhalb des Wohnhauses befindet sich das neue Saunahaus, noch etwas weiter bergab ein kleiner Bootsanleger/Badestrand. Ist das Wetter mal nicht ganz so gut, steht eine überdachte Picknickstelle zur Verfügung. Günstiger Übernachtungspreis: € 3,00/Person. Bootsvermietung möglich, ebenso Nutzung des Naturerlebnispfads (gegen Zusatzgebühr).

ROUTE 2

SAUKA - EZERA GRAVĀNI

Stellplatzart: ....Campingplatz
GPS: N56 15 59.7 E25 28 24.7
Adresse: ....Sauka - Ezera Gravāni
Tel.: .... (Juris) +371 263 00463
mailto: .... saukasdabasparks@inbox.lv
Homepage: .... www.saukasdabasparks.lv
Zufahrtinfo: An der Straße um den See von Nordosten kommend durch Sauka fahren, etwa 100 m nach Ortsausfahrt links ab über einen Schotterweg (Vorsicht! Enge Fahrbahn!).
Kurzbeschreibung: Ebene Stellfläche im Kiefernwald. Beim Rangieren ist ebenfalls Vorsicht geboten, um das Fahrzeug (und die Bäume) nicht zu schädigen. Bootsanleger und Bademöglichkeit. Gleiche Kosten, ähnliche Ausstattung, wie Bincani, keine Sauna/Bewirtung (Bild unten).

Radtour durch den Saukas Naturpark

Der Abstecher an den Saukas ezers und die herrliche Natur bieten sich geradezu für eine Radtour an, ist aber auch mit dem Wohnmobil gut befahrbar. Wenn Sie Fahrräder an Bord haben, erleben Sie eine schöne Tour, die keine großen Schwierigkeiten bereitet und durch eine vielseitige Hügellandschaft führt.

Von Bincani biegen Sie links ab und folgen 2 km der Ausschilderung der Radtour. Sie erreichen eine rechtwinklige Rechtskurve. Hier können Sie (nicht mit dem Wohnmobil!) links abbiegen und gelangen zu einem einsamen Badeplatz. Einfacher geht es aber am Ostufer des Sees, das nach weiteren knapp 4 km erreicht ist. 650 m nach der Einmündung, an der Sie links abbiegen, finden Sie links eine schöne Badestelle. Der Parkplatz (**GPS** N56 14 59.5 E25 30 31.3) könnte für kleine Wohnmobile auch für die Übernachtung dienen (kostenlos). Auf der Nordseite des Sees durchfahren Sie den Ort Saukas mit stattlichen Gebäuden (Schule, Kirche), kurz danach die Zufahrt zum Platz Ezera Gravāni und weiter zur P75 bei Lone, wo sich der Kreis schließt. **Routenlänge**: Etwa 20 km mit leichten Steigungen/Gefällen, überwiegend gute Schotterstraßen, in den Ortsdurchfahrten auch asphaltiert.

Zurück an der P75 bei Lone, geht die Reise weiter Richtung **Jekabpils (Jakobsstadt)**, ein nettes Kleinstädtchen mit sehenswerten Winkeln und einem lohnenden ethnografischen Museum. Eine offizielle Stellplatzgelegenheit gibt es zwar nicht. Aber wer auch mal mit einem einfachen Parkplatz hinkommt, wird auch hier nicht ohne Nachtruhe bleiben.

... AUS DEM ECHTEN LEBEN DER RECHERCHE

Auf der P75, die zum Ende hin sehr breit ausgebaut ist, hatte ich zuletzt ein „unheimliches Erlebnis", das aufzeigen soll, wie ernst Sie das unten abgebildete Warnschild nehmen sollten. Während ich schon zügig fuhr, zugleich aber von einem PKW überholt wurde, überquerte aus heiterem Himmel kurz vor mir ein großer Elchbulle im schnellen Trab die Fahrbahn - für mich kein Problem zu bremsen. Doch der PKW hatte ziemlich Mühe, dem mächtigen Tier auszuweichen. Den Fotoapparat hatte ich leider nicht schnell genug zur Hand - Sicherheit geht vor. Die Aufnahme, die mir gelang, zeigt zwar schon ein Motiv - aber nicht den Elch, sondern eine Stromleitung vor grauem Himmel, diese aber fast scharf...

JĒKABPILS - ETHNOGRAFISCHES MUSEUM

Stellplatzart: .... Parkplatz
GPS: N56 29 44.7 E25 52 24.1
Adresse: .... Jēkabpils, Filozofu iela 6
Tel.: .... +371 65221042 +371 6523 2501
mailto: .... krustpils1@inbox.lv
Homepage: .... www.jekabpilsmuzejs.lv
Zufahrtinfo: Vom Parkplatz im Zentrum Richtung Daugavpils halten, bis - kurz nach der kleinen, gedrungen wirkenden lutherischen Kirche St. Michael - links ab ein Schild zum Museum weist (Dambja iela).
Kurzbeschreibung: Geschotterter Parkplatz gegenüber des Museums für Besucher der Einrichtung.
Alternative: Zentraler Parkplatz im Zentrum der Stadt beim Schulzentrum. Betonierter Parkplatz, erreichbar, wenn man von der P75 aus der Ausschilderung „Centrs" folgt und links ab auf die P76 wechselt, fährt man auf dieser - Brīvibas iela - bis zum Oskara Kalpaka laukums links (**GPS** N56 29 59.4 E25 51 20.1). Der Platz ist allerdings recht belebt, gerne halten sich auch Jugendliche hier auf und die vorbeiführende Straße ist nicht eben übernachtungsfreundlich bzw. ruhig.

HISTORISCHES MUSEUM VON JĒKABPILS - SELONENHOF

Für das kleine, aber feine Freilichtmuseum wurden historische Gebäude eines begüterten Hofes aus dem 19. Jh. hergerichtet. Sie vermitteln einen Eindruck, wie die Einwohner früherer Tage lebten und arbeiteten (im Bild die Sauna). Eindrucksvoll sind die alte Bockwindmühle mit ihren langen Holzflügeln und die sehr gepflegten Außenanlagen mit einem Meer aus Blüten in der warmen Jahreszeit und bunten Bäumen im Herbst.

Öffnungszeiten/Info: Mai bis Okt. tgl. 9^{00}-18^{00} h, Sa/So 10^{00}-17^{00} h.

Kontaktdaten siehe Infokasten zum Parkplatz.

ROUTE 2

Jēkabpils an sich ist keine allzu alte Stadt. Sie feierte erst im Jahr 2000 ihr 330-jähriges Jubiläum. Ihren Ursprung nahm sie als Station für die Treidler und Flößer an der **Daugava**, die hier Station machten, um ihre Waren sicher über die Stromschnellen zu bringen. Viel älter allerdings ist das nahe Schloss Krustpils (Kreutzburg). Nicht weniger als 10 Kirchen aller Konfessionen gibt es zu sehen - kurzum: Es lohnt sich, von einem der Parkplätze aus einen ausgiebiegen Stadtbummel zu machen.

Vor der Weiterfahrt in den Osten des Landes können Sie die Gelegenheit zum Einkauf nutzen, bevor Sie die Stadt, auf der P75, über die **Daugava (Düna)** hinweg Richtung A6 verlassen. Fährt man auf der Rīgas iela links ab, gelangt man zum historischen Schloss Krustpils aus dem 13. Jahrhundert. Und rechts ab geht es - ein Stück noch der Daugava folgend, weiter. Streng genommen befindet man sich nun schon in **Latgale (Lettgallen)**.

Schon bald weist ein Schild in das Wandergebiet am Ilzenieku ezers. Wer gern wandert, kann dem Schild folgen, findet dort aber keinen übernachtungstauglichen Parkplatz. So entscheide ich mich zur Weiterfahrt und erlebe, wie wildreich die Gegend hier ist. Ein Rudel Rehe steht auf der Schotterpiste, zieht aber schnell davon, als ich anhalte. 27 km südöstlich von Jēkabpils verlasse ich die A6 in Höhe Līvani, um mich ostwärts Richtung Preili zu orientieren, wo ich die Region um Aglona zum Ziel genommen habe. Bis dort ist es allerdings noch ein gutes Stück des Weges.

Es folgt ein Abschnitt mit guten Straßen, aber eher eintöniger Landschaft, riesigen Feldern und nahezu topfeben, weshalb ich „Kilometer fressen" möchte. Nach 31 km auf der P63 liegt links in Sichtweite, etwas entfernt von der Straße, die orthodoxe Kirche von **Moskvina**. Daneben befindet sich ein kleiner Parkplatz, der auch als Platz für die Nacht dienen kann, wenn die Augen drohen klein zu werden (**GPS** N56 18 15.1 E26 38 34.0). Das Kirchlein fand ich allerdings bei mehreren Besuchen stets verschlossen vor.

Der nächste größere Ort, **Preili**, hat nicht viel für Touristen zu bieten. So sause ich knapp 35 km weiter. Zusehends wird die Landschaft hügeliger und abwechslungsreicher. Sollten Sie kurz vor Mitte August hier sein, werden Sie immer häufiger Wanderer sehen, die sich auf dem Weg nach **Aglona** befinden. Es sind Pilger, die an der Wallfahrt zu einem der bedeutendsten Wallfahrtsorte Lettlands teilnehmen. Sie haben für die Nacht die Wahl zwischen einem etwas außerhalb liegenden, dafür aber besonders guten Campingplatz und einer freien Stellplatzmöglichkeit.

AGLONA - AGLONAS ALPI

Stellplatzart: .... Campingplatz
GPS: N56 06 25.4 E27 01 32.5
Adresse: .... Aglona, Ezera iela 4
Tel.: .... +371 29194362 (Mihalīna), +371 29275701, (Juris)
mailto: .... aglonasalpi@gmail.com
Homepage: .... www.aglonasalpi.lv
Zufahrtinfo: An der Gabelung bei der Basilika von Aglona fahren Sie schräg rechts und halten sich dann geradeaus aus dem Ort hinaus. Nach 2,4 km links abbiegen (ausgeschildert).
Kurzbeschreibung: Stellplätze auf Schotter unterhalb des Wohnhauses. Nebenan Gästehaus, in dem Sie ein Frühstück erhalten können, auf Vorbestellung auch andere Speisen. Toiletten/Dusche, Ver-/Entsorgung am Nebengebäude. Stromanschluss, WiFi. Sehr schöne Spazierwege über das Campinggelände zum See, Bootsverleih, Spielplatz, Picknickstellen. Waschmaschine. Preis: € 10,00/Wohnmobil inkl. 2 Pers. **Öffnungszeiten**: April-November.
Einkehrtipp: Im Ort Aglonas Cakuli - beim Campingplatz anfragen.

AGLONA - ZENTRUM/BASILIKA

Stellplatzart: .... Parkplatz
GPS: N56 07 30.3 E27 00 48.0
Adresse: .... Aglona, Ortsmitte/P62
Zufahrtinfo: Ins Ortszentrum von Aglona fahren, Parkplatz gleich nach der Gabelung, an welcher die P62 Richtung Krāslava schräg links abzweigt.
Kurzbeschreibung: Asphaltierter Parkplatz vor dem Klostergelände.
Weiterer Parkplatz: Auf der Nordseite der Basilika zweigt die P60 Richtung Dagda ab. Folgt man dieser 800 m, zweigt ein Schottersträßchen rechts ab und führt nach gut 400 m zur Heilquelle. Dort befindet sich ein kleiner Parkplatz am Straßenrand (**GPS** N56 07 38.7 E27 01 09.0).
Weitere Campingplätze: Kurz vor Ortseingang zweigt rechts eine kleine, sehr enge Zufahrt auf schlechtem Schotterweg rechts ab in den Wald. Dort befindet sich der einfache, für größere Wohnmobile kaum geeignete Pussala kempings (**GPS** N56 08 17.2 E26 58 38.6). Der Platz liegt im Kiefernwald auf einer Halbinsel im Cirīša ezers.

Ein weiterer Platz auf privatem Hofgelände liegt am südlichen Ufer des Cirīša ezers (**GPS** N56 07 17.3 E27 00 04.1), hier jedoch außer Stromanschluss keine weitere Ausstattung, Tartakas iela.

DIE BASILIKA UND DAS DOMINIKANERKLOSTER AGLONA

Das Kloster von Aglona, gegründet im 17. Jh. vom Dominikanerorden, ist das wichtigste geistliche Zentrum der Katholiken in Lettland. Alljährlich zu Mariä Himmelfahrt am 15. August pilgern tausende Gläubige zum bedeutendsten Wallfahrtsort des Landes mit der prächtigen, Barockkirche, deren Türme 60 m hoch in den Himmel ragen, die in heutiger Form im 18. Jh. erbaut wurde.

Der Südosten Lettlands ist auch heute noch überwiegend katholischen Glaubens - eine Auswirkung der Staatsgründungszeit Litauens, als König Mindaugas versuchte, einen einheitlichen Staat christlichen Glaubens im Baltikum zu schaffen.

Später wurden die Dominikaner gebeten, Gott zu Ehren ein Kloster zu gründen. Man vermutet zur Zeit der Klostergründung enge Beziehungen nach Trakai, weshalb auch das Marienbild im Hochaltar möglicherweise eine Kopie des Pendants dort ist. Vielleicht ist es aber auch umgekehrt. Man weiß es nicht genau. Ganz sicher sagen kann ich Ihnen aber, dass die Wallfahrtskirche Mariä Himmelfahrt ein prächtiges Gotteshaus ist und dass man auch außerhalb des Wallfahrttermins zahlreiche Gläubige antrifft, die hier ihren Glauben praktizieren.

Nachdem festgestellt worden war, dass die Quelle oberhalb der Kirche heilende Kräfte hat (das Wasser ist schwefelhaltig), wurde ein Krankenhaus eingerichtet. Aus der Gemeindeschule entwickelte sich während der ersten lettischen Unabhängigkeit eine christliche Schule mit Internat, die auch heute noch besteht. Allerdings hatte das Kloster sowohl zur Zarenzeit, als Lettland russisch war, als auch später zur Sowjetzeit unter der Besatzung zu leiden. Kirche und Kloster wurden als Lazarett, Befehlszentrale für die Truppen genutzt und teilweise demoliert. Die katholischen Priester und Lehrer wurden zur Sowjetzeit vertrieben und verfolgt.

Als in den 80er Jahren das 200-jährige Jubiläum der Klosterbasilika anstand, erhob Papst Johannes Paul II. die Kirche zur „Basilica Minoris". 1989 konnte wieder die erste Wallfahrt stattfinden, und dies hält sich bis heute - ein klares Zeichen, dass die Besatzungsmächte, gleich welcher politischen und nationalistischen Prägung, den tiefen Glauben der Menschen nicht auslöschen konnte. Dieser Tatsache folgend besuchte dann Johannes Paul II. Aglona, wovon der Baldachin vor dem Kirchenportal noch heute zeugt.

Dass dem Quellwasser oberhalb der Basilika heilende Kräfte zugesprochen werden, ist unstrittig. Dafür sprechen auch Wasseranalysen. Ob es tatsächlich Wunder bewirkt, sei dahingestellt. Vielleicht muss man einfach auch daran glauben. Nicht umsonst sagt man schließlich, der Glaube könne Berge versetzen.

Auf alle Fälle bauen viele Menschen auf die guten Eigenschaften der Quelle und füllen literweise Wasser in mitgebrachte Flaschen und Kanister - eine Praxis, der auch ich mich anschließe.

Wer die Reise etwas verkürzen möchte, fährt statt des Ausflugs über Krāslava auf der P60 hinüber nach Dagda, wo sich die Wege wieder treffen. Auch diese Strecke ist landschaftlich reizvoll, wie die Aufnahme zeigt. Die große Anzahl von Störchen bei einer früheren Recherchereise werden meine Frau und ich nicht vergessen - lustig sah es aus, wie die zahlreichen Vögel, als seien sie von einer unsichtbaren Kraft gelenkt, immer einheitlich in derselben Richtung stolzierten - ein eindrucksvolles Schauspiel der Natur. Mehrere Seen und Badestellen am Weg laden überdies zum Halt ein.

Abstecher über Krāslava

Nun schwenke ich auf die P62 ein und fahre nach Krāslava an der weisrussischen Grenze. Die knapp 32 km zum Ziel vergehen angesichts der herrlichen Hügellandschaft (Bild unten) und des stetigen Wechsels zwischen Feldern und Wäldern, wie im Flug.

In **Krāslava** angekommen, fahren Sie erst gar nicht hinab zur A6, sondern achten gleich am Ortseingang links auf die Zufahrt zum Schloss. Nur wenige Meter neben der P62 befindet sich ein einigermaßen ebener Platz, der zumindest für die Dauer der Stadtbesichtigung passabel ist. Wer es nicht immer ganz ruhig braucht, kann hier durchaus auch mal eine Nacht verbringen. Oberhalb liegt ein Sportplatz, und zum Schloss sowie ins Zentrum ist es nicht weit.

KRĀSLAVA - SPORTPLATZ

Stellplatzart: .... Parkplatz
GPS: N55 54 07.2 E27 09 27.2
Adresse: .... Krāslava, Pils iela
Tel.: .... (Tourist Information) +371 656 22201
mailto: .... tic@kraslava.lv
Homepage: .... www.visitkraslava.com
Zufahrtinfo: Vor Ortseingang links abbiegen in die Pils iela.
Kurzbeschreibung: Geschotterter Parkplatz unterhalb des Sportplatzes. Keine weitere Ausstattung, Fußweg zum Schloss/zur Kirche St. Ludwig.

Sehenswertes in Krāslava

Vom genannten Parkplatz sind es wenige Gehminuten durch die Pils iela zum Barockschloss der Grafen von Plater und zur Tourist Information. Das Schloss schien zu meiner Recherche noch einiges an Restaurierungsarbeiten vor sich zu haben. In einem Nebengebäude zieht 2015 die Tourist Information ein, wie Bauarbeiter mir sagten. Von der Aussichtsplattform im Schlosspark genießen Sie den Blick ins Daugavatal und über die Stadt.

Unterhalb des Schlosses befinden sich Ruinen einer früheren Befestigung. Vorbei an diesen führt ein Fußweg, teils über Treppen, in den Ort. Anschauen sollten Sie auch die prächtige Kirche St. Ludwig. Das Gotteshaus ohne Kirchtürme war einst als Bischofskirche vorgesehen und entsprechend aufwändig gebaut und ausgeschmückt worden. Nur mit dem Bischofssitz und den geplanten Türmen wurde es nichts. An der Rīgas iela 28 können Sie die Route 2 im Restaurant Daugava die latgalische Küche beschließen und zugleich den Blick auf den Schlosspark genießen (Tel. +371 65622634, kraslavad@inbox.lv, www.kraslavad.lv).

Latgale (Lettgallen)

Latgale liegt im Grenzgebiet zu Weißrussland, also ganz im Osten Lettlands. Im Süden wird der Landesteil von der Daugava begrenzt. So zählte eigentlich schon der Bereich ab Jēkabpils über Aglona zu diesem Landesteil, der nach dem Krieg zwischen Schweden und Polen im 17. Jahrhundert polnisch blieb und deshalb überwiegend katholischen Glaubens ist. Doch nehme ich die Grenzen nicht zu streng. Dieser Teil Lettlands ist dünn besiedelt. Dennoch erwarten Sie nette Städtchen mit interessanten Sehenswürdigkeiten. Und wo die Besiedelung dünn ist, hat die Natur mit endlosen Waldgebieten und weiten Feldern viel Platz.

Ich verlasse **Krāslava** in nordöstlicher Richtung auf der P61, um zunächst zügig einige Kilometer hinter mich zu bringen. Die Landschaft, die an mir vorbeizieht, ist abwechslungsreich und hügelig.

Mein Ziel ist aber zunächst nicht die ausgeschilderte Stadt Dagda, sondern die südwestlich davon gelegene Seenplatte. Wenn Sie mir auf diesen Abstecher folgen, müssen Sie sich allerdings mit Schotterbelag unter den Reifen anfreunden, wofür Sie jedoch eine herrliche Landschaft entlohnt. Bei **Skaista** verlasse ich die Landstraße, um parallel auf einer kleinen Nebenstrecke Richtung **Konstantinova** zu gelangen. Wenn Sie die herrliche Lage eines Campingplatzes in der Seenplatte Latgales reizt, dann tun Sie es mir nach und genießen Sie die herrliche Natur unterwegs.

KASŅIČI - SIVERI

Stellplatzart: .... Campingplatz
GPS: N56 01 22.1 E27 23 59.7
Adresse: .... Kasniči - Siveri
Tel.: .... +371 292 78599
mailto: .... inga@campsiveri.lv
Homepage: .... www.campsiveri.lv
Zufahrtinfo: Bei Skaista von der P61 links ab, dann rechts Richtung Konstantinova halten. 7,5 km weiter ist der Platz links ab ausgeschildert (Schotterstraßen).
Kurzbeschreibung: Der Platz liegt am Ostufer des Siveris ezers und bietet 44 Plätze für Wohnmobile/Caravans, teils im Schatten des lichten Walds (Bild vorige Seite unten). Stromanschluss, Ver-/Entsorgung, Du/WC (auch behindertengerecht), Picknickstellen, Badestellen.

Ob man hier nun wandert, ein wenig radeln oder einfach nur die Seele baumeln lassen möchte - in der herrlichen Natur ist man sicher gut aufgehoben. Die Weiterfahrt bleibt abwechslungsreich. Große Waldgebiete, weite offene Flächen, auf denen friedlich Kühe weiden und kleine Siedlungen wechseln sich ab. Sind Sie in Konstantinova angekommen, können Sie weiter zur P61 fahren und links auf diese abbiegen. Von **Dagda** aus fahren Sie dann auf der P57 weiter, wo sich unsere Wege wieder treffen.

Mich fasziniert weiterhin die Ruhe der Nebenstrecke, weshalb ich bereits in der Kolchosesiedung **Konstantinova** links abbiege, um über **Aleksandrova** und **Ignatova** zur P60 zu gelangen. Diese überquere ich nochmals und fahre weiter, bis bei **Andiņi** die P57 erreicht ist, auf die ich links einschwenke. Wer die Route von Aglona her über die P60 abgekürzt hat, gelangt hier ebenso wieder auf die Routenstrecke, um nun **Andrupene** zu besuchen.

ANDRUPENE - KIRCHE

Stellplatzart: .... Parkplatz
GPS: N56 11 00.1 E27 23 34.0
Adresse: .... Andrupene, Dagdas iela
Zufahrtinfo: Die P57 zweigt kurz vor dem Ortseingang schräg links ab (Bild vorige Seite unten). Geradeaus in den Ort fahren bis zur Kirche.
Kurzbeschreibung: Asphaltierter Parkplatz vor der Kirche entlang der Einfriedung des Kirchengeländes. Gegenüber befindet sich ein Lebensmittelgeschäft (Bild unten links).

ANDRUPENE - ANDRUPENES MUZEJS (BAUERNHOFMUSEUM)

Stellplatzart: .... Parkplatz
GPS: N56 11 24.4 E27 23 53.2
Adresse: .... Andrupene, Skolas iela
Tel.: .... +371 26458876
mailto: .... laukuseta@inbox.lv
Homepage: .... www.visitdagda.com
Zufahrtinfo: An der Kirche weiter geradeaus, dann an der Gabelung rechts halten in die Skolas iela. Der Parkplatz befindet sich etwa 900 m nach der Kirche.
Kurzbeschreibung: Neu angelegter, asphaltierter Parkplatz wenige Meter unterhalb des Museums. (Bild unten rechts aus dem Museum).

Das Bauernhofmuseum in Andrupene wurde am 23. Juni 2000 eröffnet und befindet sich im Besitz der Verwaltung der Gemeinde Andrupenes. 2014 wurde ein großer Teil rekonstruiert und mit Reetdach komplett neu aufgebaut. Nach vorheriger Anmeldung können Sie regionale Speisen probieren, kleine Gerichte gibt es in der Cafeteria. In den Gebäuden eines typischen Gehöfts vom Anfang des 20. Jahrhunderts werden Werkzeuge, Haushaltsgeräte und Möbel gezeigt. Es werden außerdem schöne, handgemachte Mitbringsel zum Verkauf angeboten, beispielsweise typische Spankörbe, gewobene Sachen und mehr. Das Museum ist während der Feriensaison Mo-Fr 9^{00}-17^{00} h oder auf Anfrage für Sie geöffnet. Die Kontaktdaten für den vorherigen Anruf entnehmen Sie bitte dem Infokasten zum Parkplatz.

Wenn Sie nach dem Museumsbesuch noch etwas Bewegungsdrang verspüren, schließen Sie die kleine Rundwanderung ins benachbarte Moorgebiet an. Der Weg ist gut präpariert, teils auf Holzbohlen (ca. 15 Min. Gehzeit/800 m, leicht zu begehen).

Fährt man etwa 600 m in den Ort zurück und biegt scharf rechts ab in die Pasta iela, kurvt man durch schöne Wälder und eine herrliche Hügel- und Seenlandschaft. Bereits nach wenigen Kilometern kann man wieder rechts auf eine kleine Schotterstraße abbiegen, um am **Salāju ezers** etwas auszuspannen, eine Picknickstelle zu nutzen und zu baden. Eine kleine Gaststätte bietet zur Hauptsaison ihre Dienste an. Man kann ein Boot mieten. Auch die Übernachtung ist auf Anfrage möglich (**GPS** N56 12 32.9 E27 23 06.1 - Privatgelände!).

Das Sträßchen verläuft weiter am **Viraudas ezers** vorbei in Richtung des Weilers Rukmaņi, wo ich mich schräg rechts halte. Nicht viel weiter steht dann - im wörtlichen Sinne - der Höhepunkt der Region am Raznas ezers auf dem Programm. 248 m über Meereshöhe misst der **Mākolņkalns**. Von einem ruhigen Wanderparkplatz aus können Sie die „Gipfeltour" in Angriff nehmen.

MĀKOLŅKALNS

Stellplatzart: .... Makonkalns
GPS: N56 16 45.3 E27 24 55.3
Adresse: .... Mākolņkalns (an der kleinen Verbindungsstraße)
Zufahrtinfo: Im Weiler Rukmaņi schräg rechts, weiter auf der kleinen (gut befahrbaren) Schotterstraße bleiben und bei der Ausschilderung auf einer leichten Kuppe links auf den etwas versteckten Parkplatz fahren.
Kurzbeschreibung: Geschotterter Parkplatz mit Trockentoilette. Start des kurzen Wanderpfads zum Gipfel mit den Resten der Ruine Volkenbergs und herrlicher Aussicht.

Auf den Mākolņkalns

Am hinteren Ende des Wanderparkplatzes führt ein Weg - meist als Holztreppe durch herrlichen Mischwald ausgebaut - steil bergan. Nach etwa einer Viertelstunde erreichen Sie (vermutlich schnaufend) das Gipfelplateau und haben noch wenige Meter zur Ruine der ehemaligen Burg vor sich.

Für die Mühe entlohnt Sie der Rundumblick - auf der einen Seite über endlose Wälder hinweg, und auf der Seite, auf welcher Sie aufgestiegen sind, bis weit über den Raznas ezers hinweg, bis sich der Blick in der Ferne verliert. In den Mauern der Ruine befindet sich eine kleine Freilichtbühne sowie eine Trockentoilette.

Vermutlich übt der Blick über den See (Bild vorige Seite unten) auch auf Sie eine magische Anziehungskraft aus. Ich jedenfalls starte den Motor und fahre zum Seeufer, um dort auf die P56 rechts abzubiegen und den See entlang des südlichen Ufers zu umrunden. Teils ist die Straße bis nach **Rēzekne** bereits gut ausgebaut, teils noch in einem schlechten, von Querrillen und Schlaglöchern übersäten Zustand. Aber ich bin ja nicht der Straße wegen hier, sondern des Sees und des Naturparks wegen. Letzterer hat allerdings einen kleinen Nachteil: Früher gab es am Ostufer des Sees einen herrlichen, preisgünstigen Zeltplatz. Sämtliche Zufahrten dorthin sind nun mit Felsblöcken versperrt - Naturschutz geht vor. Für eine Pause zum Sonnenuntergang habe ich jedoch trotzdem ein Plätzchen gefunden (Bild unten). In Höhe Kaunata, ich bin mittlerweile links in die P55 eingeschert, befindet sich das Feriendorf „Jaunais Dinamietis". Es ist bedingt auch für Wohnmobile nutzbar ist (**GPS** N56 19 39.6 E27 30 39.8) und über eine kleine Stichstraße erreichbar. Doch mit einer wirklich guten Ausstattung für Wohnmobile sind die Plätze am See - zumindest bislang - nicht eingerichtet. Um einen solchen Platz zu finden, müssen Sie sich bis zum **Lubāns ezers** gedulden.

So genieße ich auf der Fahrt die herrliche, hügelige Uferlandschaft und fahre zügig weiter, um mich ausführlich dem Städtchen **Rēzekne** zu widmen.

Sehenswertes in Rēzekne (Rositten)

Als erstes fällt die aus roten Backsteinen erbaute Herz-Jesu-Kirche im neugotischen Baustil auf. Auch im Inneren ist das Gotteshaus wert, besichtigt zu werden. Tagsüber können Sie hierfür auf dem benachbarten Parkplatz problemlos stehen. Nachts wird dieser jedoch mittlerweile durch eine Schranke verschlossen (**GPS** N56 29 58.3 E27 20 23.1 (Latgales iela 88b).

Folgt man der Straße weiter, zweigt bald die Darzu iela rechts ab und überquert den Fluss Rēzekne, erreicht man gleich danach die **Tourist Information**. Hier biege ich rechts ab, um den Wagen auf dem Parkplatz am Fuß der Ruine der Ordensburg abzustellen (und übernachte übrigens problemlos auf dem Parkplatz mit Blick auf das moderne Gebäude des „Rezekne Creative Service Centre"). Erschrecken Sie nicht - beim Bau der Anlage ist nichts schief gelaufen, die Häuser neigen sich auch nicht zur Seite, wie der schiefe Turm von Pisa. Die schrägen Gebäudefronten sind gewolltes Stilmittel und ein interessanter Kontrast zu den historischen Resten der Ordensburg. Im Gebäudekomplex können Sie im Café Rositten einkehren. In wenigen Minuten ist man von hier auf zur Ruine hinaufspaziert und kann den Blick über das 38.000 Seelen zählende Städtchen ausgiebig genießen.

ROUTE 3

RĒZEKNE - ORDENSBURG

Stellplatzart: .... Parkplatz
GPS: N56 30 10.5 E27 20 03.7
Adresse: .... Rēzekne, Krasta iela
Tel.: .... (Tourist Information) +371 26332249
mailto: .... tic@rezekne.lv
Homepage: .... www.rezekne.lv
Zufahrtinfo: Von der Herz-Jesu-Kathedrale durch die Latgales iela, nach 400 m rechts in die Darzu iela, über den Fluss, dann rechts ab.
Kurzbeschreibung: Asphaltierter Parkplatz am Fuß des Burgbergs der Ordensburg, nebenan das moderne Gebäude des Rezekne Creative Service Center mit dem Café Rositten. An der Zufahrt die Tourist Information. (Bilder vorige Seite unten).

Geht man ein Stück über die Darzu iela hinweg zur Atbrīvošanas aleja, befinden sich jenseits der Hauptverkehrsachse die Konzerthalle und der Festivalpark. Ein Stück weiter in nördlicher Richtung erreicht man an der stark befahrenen Durchgangsstraße (es ist die A13) die Skulptur „Gemeinsam für Lettland". Die Freiheitsstatue (Bild unten) wurde in den 20er Jahren des vorigen Jahrhunderts anlässlich der Unabhängigkeit Lettlands errichtet. Den Sowjets war sie ein Dorn im Auge. Sie wurde entfernt, um von der deutschen Besatzung wieder aufgestellt, um nach dem Krieg erneut entfernt zu werden. Seit 1992 nimmt nun die heutige Statue den alten Platz wieder ein.

Nebenan steht die sehenswerte orthodoxe Kirche der Geburt der Gottesmutter Maria, auf der anderen Seite die katholische Kirche der Schmerzhaften Muttergottes. Ein paar Meter weiter nördlich ist das kulturhistorische Museum erreicht (Atbrīvošanas aleja 102, Tel. +371 6462 2464). Noch etwas weiter, wiederum an der Darzu iela, finden Sie den Stadtpark. Auch ans Einkehren soll beim Stadtrundgang gedacht werden. Dazu kann ich das Restaurant Mols (Latgales iela 22) empfehlen. Dass auch Einheimische ihre heimische Küche gerne und zahlreich genießen, darf man getrost als gute Empfehlung bezeichnen (Tel. +371 292 19335).

Die interessante Stadt verlasse ich, kurz nach der Freiheitsstatue, auf der P36/N. Rancanas iela, später Rīgas iela) nordwestlich Richtung Gulbene, quere zwei Mal die Eisenbahnlinie und erreiche die A12. Am Kreisverkehr halte ich mich geradeaus. Am Weg liegen die Orte **Audriņi** und **Drīcani**, wo eine Rast am schönen Kirchlein möglich ist. Knapp 9 km nordwestlich von Dricāni verlasse ich die gut ausgebaute P36, um mich in Richtung des **Lubāns ezers** zu orientieren. Auf der breit ausgebauten Strecke bleibe ich 11 km und lasse **Gaigalava** hinter mir, wo sich wiederum ein Blick in die sehenswerte Kirche lohnt.

Der Lubāns ezers ist ein künstlich aufgestautes Gewässer, das hierdurch auf eine Wasserfläche von mehr als 80 km^2 anwuchs und so zum größten Binnengewässer Lettlands wurde. Rechts der Straße kann man, knapp 7 km nach Gaigalava, den Wagen abstellen (**GPS** N56 45 54.7 E26 58 11.1) und in die Sumpf- und Seenlandschaft wandern. Das lohnt sich, wenn man sich gerne die Zeit nimmt, um Vögel zu beobachten. Immerhin 236 Vogelarten sind hier heimisch. Es ist angesichts der Nähe zur Straße nicht jedermanns Sache ist, hier auch über Nacht zu stehen. Es folgen entlang der auf einem Damm durch die Sumpf- und Seenlandschaft führenden Strecke noch weitere Rastplätze, teils mit Picknickstellen und Vogelbeobachtungstürmen. Und es wurden mehrere Naturlehrpfade angelegt.

Die Schotterpiste, die auf der gegenüber des Parkplatzes links abzweigt, führt indes zu einem Gehöft, das ich ausgesucht habe, weil dort eine Stellplatzgelegenheit direkt am See angeboten wird. Die Besitzer sind eine Fischer- und Jägerfamilie. Wer zuvor anfragt, kann dort fangfrischen Fisch oder auch Wild genießen.

ĪDEŅA - ZVEJNIEKI

Stellplatzart: .... Campingplatz/Restaurant
GPS: N56 45 01.4 E26 56 54.6
Adresse: .... Īdeņa, Zvejnieki
Tel.: .... +371 291 65392
mailto: .... zvejnieki-lubans@inbox.lv
Homepage: .... www.zvejnieki.lv/de
Zufahrtinfo: Knapp 7 km nach Gaigalava links abbiegen und der Schotterpiste 2,2 km bis zur Ausschilderung zum Hof folgen. Das Wohnmobil kann über Nacht auf der Wiese stehen. Die Zufahrt führt rechts am Hauptgebäude vorbei die Böschung hinab.
Kurzbeschreibung: Wiesengelände am See bzw. Schilfgürtel, bestens für Vogelbeobachtung geeignet. Mit viel Glück kann, so berichteten mir die Besitzer, schon mal ein Elch vorbeikommen. Sogar Luchse, Wölfe und Bären seien schon gesichtet worden.
Auf Voranmeldung kochen die Besitzer fangfrischen Fisch, zur passenden Jahreszeit auch Wild aus eigener Jagd zusammen mit Gemüse aus eigenem Anbau für die Gäste.

ĪDEŅA - TEIRUMNIEKI MOORGEBIET

Stellplatzart: .... Parkplatz
GPS: N56 43 02.9 E26 56 47.3
Adresse: .... Īdena, Tairumnieki
Zufahrtinfo: Von der Zufahrt zum Hof Zveinieki folgen Sie der Schotterstraße weitere 4,2 km und biegen links auf den Forstfahrweg ab, der nach 800 m zur Picknickstelle führt.
Kurzbeschreibung: Kleiner Parkplatz bei der Picknick-/Grillstelle, Trockentoilette, Mülltonne.

ROUTE 3

Der Name des Dorfes **Īdeņa** leitet sich vom alten Wort ludini ab, was ‚Wasser' bedeutet. Man bezeichnet sich deshalb als einziges Fischerdorf Lettlands, das nicht am Meer liegt. Ursprünglich war es eine kleine Insel inmitten der Feuchtwiesen und Wasserflächen mit verstreut liegenden Fischerhäusern.

Die Geschichte des Dorfes reicht weit in die Vergangenheit zurück. Sogar Siedlungsspuren aus der Steinzeit wurden gefunden. Heute befindet sich hier auch ein Informationszentrum. So können Sie - wiederum auf vorherige Anmeldung - Führungen und Bootstouren in die sumpfige Landschaft buchen, unter fachkundiger Anleitung auch Beeren und Pilze suchen (... was für mich als Nicht-Pilzkenner sicher empfehlenswert ist...) . Oder Sie können einfach auf eigene Faust die herrliche Natur erleben.

Dazu bietet sich auch das Fahrrad an, das Sie entweder an Bord haben oder beim Hof mieten können, beispielsweise auf einer Radtour ins **Moorgebiet Teirumnieki**. Es gibt mehrere ausgeschilderte Radtouren, über welche die Inhaber des Stellplatzes in Zvejnieki gern Auskunft geben. Oder Sie nehmen die Zufahrt zum Moorgebiet einfach mit Ihrem Drahtesel in Angriff, stellen diesen am Picknickplatz ab und radeln später nach Belieben weiter.

Ins Teirumnieki Moorgebiet

Vom Picknickplatz führt ein Wanderpfad im rechten Winkel hinüber zum Moorsee. Am Ufer des Sees hält man sich rechts ab und folgt dem Holzbohlenweg, der nach einer Aussichtsplattform zur Vogelbeobachtung rechts ab zurück in den Kiefernwald führt. Auf dem Forstfahrweg gelangt man (wiederum nach rechts) zurück zum Wohnmobil (ca. 1 km/20-30 Min Gehzeit, einfach).

Interessant ist der Weg weniger des Wandererlebnisses wegen, als vielmehr in Sachen Tierbeobachtung. Die oben schon genannten Säugetiere, die wir in Mitteleuropa kaum noch kennen, leben hier. Beobachten kann man mit etwas Glück auch Fischadler, Reiher und andere der zahlreichen Vogelarten.

Nicht weniger eindrucksvoll ist die Pflanzenwelt. Orchideen, Sonnentau und Moose bedecken den Boden. Weite Schilfgürtel und weiche Moorböden sowie die Wälder, die je nach Feuchtigkeit des Bodens, ihren Charakter völlig verändern, geben der schönen Landschaft ihren ganz eigenen Charakter.

Bringen Sie also etwas Zeit, einen Fotoapparat und Ihr Fernglas mit, um all das ausführlich genießen und festhalten zu können.

Von Zvejnieki fahre ich zurück zur Schotterstraße, die in nordwestlicher Richtung quer durch die Seenlandschaft führt. Bereits 3,2 km weiter, ein Stück nach einer Rechtskurve, erwartet rechts das Tourist Informationszentrum Bāka seine Gäste. Auf dem modernen, aber naturnah mit Holz verkleideten Gebäude befindet sich eine Aussichtsplattform zur Beobachtung der Tier- und Pflanzenwelt. Ein Teil des Parkplatzes ist nichts anderes, als wir es von zu Hause als Wohnmobil-Stellplatz kennen. Nur, da es diesen Begriff hier eben nicht gibt, spreche ich einmal wieder von einem Campingplatz.

2 km weiter können Sie auf dem Picknickplatz neben der Straße rasten (**GPS** N56 47 48.1 E26 56 5.0). Für Naturfreunde ist es ein schöner Platz, um über Nacht zu bleiben und die Geräusche der Tiere hautnah zu erleben.

P

GAIGALAVA - BĀKA

Stellplatzart: .... Campingplatz
GPS: N56 47 05.1 E26 56 38.0
Adresse: .... Gaigalava, Kvāpāni
Tel.: .... +371 266 63358
mailto: .... baka@rezeknesnovads.lv
Homepage: .... www.baka.rezeknesnovads.lv
Zufahrtinfo: Auf dem Damm zwischen dem Fluss Rēzekne und dem Lubāns ezers von der Abzweigung Richtung Zvejnieki 3,2 km weiter fahren, dann rechts unübersehbar neben der Straße.
Kurzbeschreibung: Geschotterter Parkplatz beim Informationszentrum (Zentrum zur Entwicklung des Wassertourismus), Stromanschluss, Entsorgung, WC/Dusche im Gebäude gegen Extragebühr. Spielplatz für die Kleinen. Blick auf das endlose Schilfgebiet, Wander-/Radtouren möglich. Infocenter Mai-Sept. Di-So. ab 10[00] h offen (Di bis 14[00] h, Mi/Do bis 15[00] h, Fr bis 18[00] h, Sa/So bis 19[00] h).

ROUTE 3

Wieder sind es nur etwa 2,8 km zum nächsten schönen Platz, dem **Lubāna mitrāja informācijas centrs** (**GPS** N56 49 00.4 E26 54 28.2). Neben der Schleuse, die der Regulierung des Wasserstandes dient, steht ein Blockhaus, in dem während meiner Recherche gerade ein Besitzerwechsel stattfand. Noch war nicht ganz klar, welche Dienstleistungen in Zukunft im Angebot sind. Geplant sind geführte Ausflüge in die Natur, Angeln und eine kleine Ausstellung im gemütlichen Aufenthaltsraum. Auf alle Fälle wurde mir zugesagt, dass Wohnmobile auf dem Parkplatz beim Blockhaus willkommen seien, auch wenn mir ein Preis noch nicht genannt werden konnte.

Mit den beschriebenen Plätzen haben Sie eine gute Auswahl, um diesem schönen Schutzgebiet etwas Zeit widmen zu können, bevor die Reise weitergeht. Über **Degumnieki** fahre ich weiter bis **Meirāni**, wo die P82 erreicht ist, und biege links ab. Schon nach 3,6 km weist rechts ab ein Hinweisschild auf den Campingplatz Ezernieki, den ich all denjenigen empfehlen möchte, die Ruhe und Erholung an einem See suchen. Im Gegensatz zum Lubāns ezers ist hier auch ein Badestrand angelegt, zusätzlich Wanderwege. Der Platz ist überdies modern und gut ausgestattet.

MEIRĀNI - EZERNIEKI

Stellplatzart: .... Campingplatz
GPS: N56 48 41.8 E26 33 57.2
Adresse: .... Meirāni, Ezerkrasts
Tel.: .... +371 26671421
mailto: .... d.stradina@lvm.lv
Homepage: .... www.mammadaba.lv
Zufahrtinfo: Auf der P82 von Meirāni aus 3,6 km in südwestlicher Richtung, dann rechts ab ausgeschildert.
Kurzbeschreibung: Weitläufiges Gelände, teils Wiese, teils im lichten Wald, Sauna, Stromanschluss, WiFi, Ver-/Entsorgung, Du/WC. Preis € 15,00 zzgl. € 2,00/Pers. inkl. genannter Einrichtungen. Sie können am und um den See wandern, baden, Kinder finden einen Spielplatz, Picknick- und Grillstellen stehen zur Verfügung. **Öffnungszeiten**: Ganzjährig.

ROUTE 3

Knapp 5 km weiter südlich biege ich rechts auf die P84 ab (Richtung Madona). Nochmals 7,4 km weiter weist ein kleines, braunes Hinweisschild links auf eine Schotterpiste, die stellenweise etwas ausgefahren ist. Das Ziel ist der Teufelsstein von Auziņi, ein sagenumwobener Findling am Flusslauf der Kuja.

DER TEUFELSSTEIN VON AUZIŅI (DER SCHNEIDERNDE TEUFEL)

Vorausschicken möchte ich, dass die Zufahrtstraße und der Parkplatz am Ausflugsziel nicht unbedingt für größere Wohnmobile geeignet sind, auch wenn man die Straße bei vorsichtiger Fahrweise problemlos befahren kann. Nach 4 km ist die Zufahrt zum Hof Auziņi erreicht, wo man den Wagen am Straßenrand abstellen kann (**GPS** N56 47 10.6 E26 22 54.1).

Nach einem kurzen Spazierweg am Hof vorbei wird eine Hängebrücke erreicht, die zum Teufelsstein hinüber gespannt ist. Der Felsen mit einem Volumen von etwa 100 m^3 wurde 1982 freigelegt und ist einer der größten Findlinge Lettlands.

Einer Sage nach wollte der Teufel im Streit mit dem lieben Gott den Fluss zuschütten. Er sammelte alle Steine, die er finden konnte. Eine erste Fuhre hatte er schon in den Fluss Aiviekste geworfen, wo sich nun Stromschnellen befinden. Mit der zweiten Ladung hatte er sich übernommen. Seine Hose platzte, als er die Kuja überqueren wollte. Er nahm einen Stock als Nähnadel und Haferhalme vom Feld, um das Loch zu stopfen. Dazu setzte er sich auf den größten Stein am Ufer. Als der Hahn des Hofes Auziņi krähte, musste er fliehen, um nicht entdeckt zu werden - und vergaß in der Eile, den Stein mitzunehmen... (Bild unten).

15 km weiter nordwestlich ist **Madona** erreicht. ,Der Ort hat nicht allzu viel zu bieten. Man kann jedoch gut einkaufen. Anschließend wechsle ich auf die P37, auf der ich einen etwas größeren Sprung mache, um mich dem schönen **Gulbene** zu widmen. Eisenbahnfreunde finden mit der Schmalspurbahn nach Alūksne ein attraktives Ziel. Herrenhäuser und Einkehrmöglichkeiten runden das attraktive Angebot ab. (**Abkürzungshinweis** siehe Route 4/S. 104).

GULBENE - BRĪVIBAS IELA

Stellplatzart: .... Wohnmobil-Stellplatz
GPS: N57 10 30.8 E26 44 48.7
Adresse: .... Gulbene, Brīvibas iela 66
Tel.: .... +371 2911 1128
mailto: .... locplesimoto@apollo.lv
Homepage: .... in Vorbereitung

Zufahrtinfo: Auf der P37 nach Gulbene, rechts in die Stadt. Am Ortseingang links eine Tankstelle, dahinter der Stellplatz.

Kurzbeschreibung: Bei der Recherche noch eine Baustelle, die ab 2015 einen schönen Stellplatz für sechs Caravans/ Wohnmobile mit Strom, Ver-/ Entsorgungsstelle zu werden verspricht. Spielplatz, Badestelle, Picknick-/Grillplätze. Bistro mit preiswertem Essen, in dem ich für weniger als € 3,00 ein gutes Mittagessen bekam; Dusche gegen Aufpreis. Preis noch nicht fest (vorauss. ca. € 10,00).

GULBENE - BAHNHOF

Stellplatzart: .... Parkplatz
GPS: N57 10 56.2 E26 45 57.3
Adresse: .... Gulbene, Dzelzceļa iela
Tel.: .... +371 20228884
mailto: .... info@banitis.lv
Homepage: .... www.banitis.lv

Zufahrtinfo: Vom vorherigen Stellplatz Richtung Zentrum, nach dem Bahnübergang links in die Berzu iela, wieder links in die Vidus iela bis zur Rīgas ieala. Erneut links ab, kurz vor dem Bahnübergang rechts in die Dzelzceļa iela und weiter zum Parkplatz am Bahnhof.

Kurzbeschreibung: Asphaltierter, neu angelegter Parkplatz vor dem renovierten Bahnhofsgebäude/Startpunkt der Museumseisenbahn.

ROUTE 3

Sehenswertes in Gulbene

Die wichtigste Sehenswürdigkeit dürfte der Bahnhof nebst Eisenbahnmuseum sein. Dort können Sie in die Schmalspureisenbahn steigen, die nach wie vor planmäßig in Richtung Alūksne startet. Sie fahren in historischen Waggons, die mit E-Loks oder auch einer Dampflok bespannt sind und auf 33 km Streckenlänge in knapp 1 1/2 Stunden täglich zwei Mal bis Alūksne und retour rattern. Die Strecke wurde 1903 als Teil der Verbindung Pļaviņas-Gulbene-Alūksne-Valka eröffnet. Der Fahrplan hängt am Bahnhof aus oder Sie rufen ihn unter www.banitis.lv/eng/timetable.htm ab.

Wer sich etwas mit der Geschichte der Schmalspurbahn befassen und das historische Rollmaterial sowie die Lokschuppen besichtigen möchte, besucht das Eisenbahnmuseum jenseits der Gleise (Bilder unten). Der Lokschuppen ist typisch für die erste Hälfte des 20. Jahrhunderts. Zu entdecken gilt es die Drehscheibe für Normal- und Schmalspurloks, die Werkstätten sowie einige Lokomotiven und Waggons im Freigelände. Dazu gehört die aufbereitete Dampflok GR-319 („Ferdinands"), die seit Juni 2014 wieder hier in Diensten steht. Nicht zu vergessen ist das historische Bahnhofsgebäude, das in den letzten Jahren wieder zum Schmuckstück renoviert wurde.

Übrigens bietet die Eisenbahngesellschaft im Garten hinter dem Museum ein weiteres Campinggelände, auf dem auf Anfrage

fünf Wohnmobile über Nacht stehen können. Die Bānītis (=kleine Bahn) ist die einzige im Originalzustand verbliebene Strecke ihrer Art in Lettland. Der Bahnhof ist Schnittpunkt der Normal- und Schmalspurbahn. Alljährlich am ersten Samstag im September wird ein großes Fest gefeiert.

Das touristische Angebot von Gulbene beschränkt sich nicht auf die Eisenbahn. Das Landgut Vecgulbene (Alt-Schwanenburg, Brīvibas iela 18) ist wieder sehr schön hergerichtet. Es beherbergt heute ein Hotel mit Restaurant. Auf der anderen Straßenseite stehen weitere, allerdings ziemlich verfallene Gebäude des Gutes der Familie von Wolf. Doch erstreckt sich am Fuße dessen ein herrlicher Park mit Teichen und altem Baumbestand (Bild unten). Vor dem Landgut Vecgulbene ist das Monument für die Freiheitskämpfer Lettlands zu bewundern. Auf der anderen Seite der Hauptstraße steht die evangelische Kirche auf dem Hügel der früheren Burg. Sie hatte im 2. Weltkrieg ihren Glockenturm eingebüßt. Zu bewundern gilt es davor eines der wenigen Luther-Denkmäler.

Am Rand der Stadt liegt der Park Spārite und Emze, die Baron Heinrich von Wolf seiner Frau gewidmet und mit Skulpturen ausgestattet hatte, von denen leider nicht viel übrig blieb. Herrlich ist es jedoch nach wie vor, hier spazieren zu gehen, dem Fußweg mit Erläuterung lettischer Zeichen und Symbole zu folgen, vielleicht auch zu joggen oder Nordic Walking zu betreiben. Unterwegs finden sich Sitzplätze zum Rasten. Und am nördlichen Rand des Zentrums liegt der Jugendpark mit Schwanenskulpturen. Die stolzen Wasservögel finden sich auch im Stadtwappen wieder. Weitere Infos erhalten Sie in der **Tourist Information** (Ābeļu iela 2, Tel. +371644 97729, turists@gulbene.lv, www.visitgulbene.lv.

Wenn Sie Richtung Alūksne starten, gilt es weitere schöne und interessante Plätze anzusteuern, darunter Campingplätze, auf denen Sie gut aufgehoben sind. Folgen Sie mir auf der P35 in östlicher Richtung, um nach 10 km links ab Richtung **Stāmeriena** abzubiegen. Zunächst fahren Sie durch eine herrliche Allee (Bild oben), um nach 2 km links auf dem Campingplatz Ziedrugravas Station zu machen. Eine weitere Möglichkeit finden Sie am 6 km weiter nördlich gelegenen Ludza ezers mit dem Erholungspark Vonadziņi, der auch ein Restaurant bietet. Zwischen den zwei Plätzen, in **Vecstāmeriena**, finden Sie das **Café/Restaurant Sonāte**, wo Sie in rustikalem Ambiente einkehren können (Tel. +371 29460601, arita@sonate@inbox.lv, www.sonate.viss.lv).

STĀMERIENA - ZIEDUGRAVAS

Stellplatzart: .... Campingplatz
GPS: N57 12 31.4 E26 54 12.3
Adresse: .... Stāmeriena - Ziedrugravas
Tel.: .... +371 2912 3416
mailto: .... vecsalnieki@inbox.lv
Homepage: .... www.ziedrugravas.lv

Zufahrtinfo: Von der P35 nach Stāmeriena, nach 2 km links ab.

Kurzbeschreibung: Wiesengelände oberhalb des Pogas ezers, Picknick-/Grillstellen, Spielplatz, Stromanschluss, Ver-/Entsorgung, Du/WC. € 10,00/Nacht inkl. Strom und 2 Pers., Dusche Extragebühr € 4,00. Auf Voranmeldung auch Speisen erhältlich. Badestelle, Bootsverleih.

STĀMERIENA - VONADZIŅI

Stellplatzart: Campingplatz/Restaurant
GPS: N57 15 10.6 E26 53 45.5
Adresse: Stāmeriena - Vonadziņi
Tel.: +371 6447 1151
mailto: info@vonadzini.lv
Homepage: www.vonadzini.lv
Zufahrtinfo: Nördlich von Stāmeriena an der Abzweigung rechts, dann links ab der Ausschilderung folgen.
Kurzbeschreibung: Wiesengelände am See/Bademöglichkeit, Strom, Du/WC, Restaurant, Sauna, Hallenbad/See, Bootsvermietung, Spielplatz.

Sicher werden Sie nicht einfach so durch Stāmeriena fahren, ohne - als Abschluss dieser Route - das verspielte Schloss der Neo-Reniassance anzuschauen.

Dort lebte in den 30er Jahren der italienische Schriftsteller Giuseppe Tomasi di Lampedusa. Am Ostufer des Sees entlang können Sie auf dem Informationspfad wandern. Auf Hinweistafeln erhalten Sie Informationen zur Geschichte und zur Umgebung des Schlosses.

Nicht weit entfernt liegt die orthodoxe Kirche, die vor wenigen Jahren wieder in alter Pracht hergerichtet worden ist. Besonders stolz ist man hier auf die in die Kreuze der Türme eingearbeiteten Bergkristalle.

Vidzeme (Livland) und Rīga

Der nordöstliche und nördliche Landesteil Lettlands nennt sich Vidzeme und erstreckt sich vom Dreiländereck Estland-Lettland-Russland bis hinüber zur Ostseeküste und zur Hauptstadtregion. Nicht zu vergessen ist dabei der Gauja Nationalpark, der den Bewohnern der Hauptstadt ein beliebtes Naherholungsgebiet ist.

Wer die Fahrt über Stāmeriena auslassen möchte und stattdessen die einfachste, am schnellsten befahrbare Strecke von Gulbene her nach Alūksne wählt, fährt zunächst auf der P35, die bei Litene auf die P43 trifft, auf der es weiter Richtung Norden geht.

Doch habe ich die Schotterstraße für Sie ausprobiert, die von Stāmeriena durch eine herrliche Hügellandschaft führt und übrigens sehr gut und zügig befahrbar ist. Kurz vor Alūksne, bei **Dudas**, erreiche ich die P43, wo sich die Wege also wieder treffen.

Das Städtchen **Alūksne** am gleichnamigen See ist einen Abstecher wert, hält es doch einige Besonderheiten für die Gäste bereit. Dazu gehört der ausgesprochen schöne Campingplatz Ezermala 44, der nicht umsonst das Titelbild dieses Buches beisteuert.

ALŪKSNE - EZERMALAS 44

Stellplatzart: Campingplatz
GPS: N57 26 13.1 E27 06 23.4
Adresse: Alūksne, Ezermalas iela 44
Tel.: +371 2927 4175
mailto: info@ezermalas44.lv
Homepage: www.ezermalas44.lv
Zufahrtinfo: In Alūksne zunächst auf die Pils iela rechts abbiegen, durch die Stadt fahren und später auf die Pleskavas iela links abbiegen (P40). Dieser folgen Sie 2,5 km und biegen wiederum links in die Ezermalas iela ab. Der Campingplatz liegt nach 800 m auf der linken Seite.
Kurzbeschreibung: Schattiges, wie ein Staudengarten am Waldrand angelegtes Campinggelände mit Picknickstellen, Zugang zum hauseigenen Badestrand, Sauna, Toilette, Ver-/Entsorgung, Stromanschluss. Preis 2014: € 12,00 pauschal je Wohnmobil. **Öffnungszeiten**: Mai bis Oktober.

ROUTE 4

Ergänzend sei noch erwähnt, dass auch im Städtchen selbst ein kleiner Campingplatz seine Dienste anbietet (Alūksne City Camping, Vējakalna iela 5, **GPS** N57 25 20.0 E27 03 56.3, Tel. +371 2940 4317, Preis 2014: € 10,00 + € 3,00/Pers., www.bordercamping.lv). Doch kann dieser Platz vom landschaftlichen Reiz her naturgemäß nicht mit dem vorgenannten Platz mithalten. Sein Vorzug ist die Nähe zu den Sehenswürdigkeiten der Stadt. Wählen Sie also selbst.

Sehenswertes in Alūksne

Das 1285 erstmals erwähnte Städtchen, damals noch Marienburg genannt, war eine Gründung der Ordensritter, die auf einer Insel im See eine Burg und eine Kirche errichteten.

Über Jahrhunderte war die Siedlung vergleichsweise unbedeutend, bis 1903 mit Eröffnung der Schmalspurbahn, auf die schon in Gulbene ausführlich eingegangen wurde, eine wirtschaftliche Blüte begann. Das Städtchen wuchs rapide an, überschritt 2.000 Einwohner und erhielt die Stadtrechte. Heute ist Alūksne Kreisstadt und zählt über 9.500 Einwohner. Neben Handel und Dienstleistungsgewerbe setzt man mehr und mehr auch auf den Tourismus und hat das Städtchen recht schön wieder herausgeputzt. Zu erwähnen ist auch, dass es die höchstgelegene Stadt Lettlands ist - 200 m Meereshöhe sind hier schon ein Wort! Und der nahe See mit vier Inseln ist ein Eldorado für Wassersportler. Am Seeufer sollten Sie den Park mit Skulpturen und Pavillons genießen. Vielleicht möchten Sie auch den 7,5 km langen Seepfad erwandern, der beim Park am Neuen Schloss startet (Bild).

Das neugotische Schloss an der Hauptdurchgangsstraße (Pils iela) ist sicher die Hauptsehenswürdigkeit der Stadt. Dort ist das Städtische Museum untergebracht, das während meiner Recherche nach Abschluss der Sanierungsarbeiten gerade neu eingerichtet wurde. Nicht weit entfernt liegt die evangelisch-lutherische Kirche, ein prächtiges und übrigens eines der wichtigsten Gotteshäuser Lettlands, denn hier übersetzte Ernst Glück, ein aus der Nähe von Halle (Westfalen) stammender Bürger der Stadt, die erste Bibel in die lettische Sprache. Aus diesem Grund ist in einem nicht weit entfernten, kleinen Gebäude das **Lettische Bibelmuseum** zu bewundern - klein, aber fein! (Bilder unten). Dem Werk Ernst Glücks werden große Verdienste um die Entwicklung der lettischen Schriftsprache und des Schulwesens zugesprochen. Interessant: Zu Sowjetzeiten wurde das schmucke Häuschen, in dem jetzt die historisch wichtige Bibel ausgestellt ist und die andere Haushälfte als Tourist Information dient, angesichts der verkehrsgünstigen Lage als Tankstelle genutzt. Der Treibstoff für Lada & Co. war damals einfach wichtiger, als religiöse und kulturelle Errungenschaften der Letten.

ROUTE 4

Das schöne Städtchen verlasse ich auf der P34 in südwestlicher Richtung. Das nächste Besichtigungsziel, kurz nach dem Örtchen **Zeltiņi** ist es links ab ausgeschildert, habe ich nicht aufgesucht, um in „Ostalgie“ zu verfallen oder gar die Lehren eines gewissen Mannes aufzugreifen. Offensichtlich tun dies aber manche Menschen, die meinem Eindruck nach während meines Besuchs Ihrem „Idol“ geradezu huldigten (**GPS** N57 20 51.3 E26 44 52.0).

LENIN UND DIE KERNRAKETENSTATION VON ZELTIŅI

Nirgends sonst in Lettland ist dieser Mann noch als übergroße Skulptur zu sehen, ganz so, wie er vor der Wende auf zahlreichen Plätzen der Ex-Sowjetrepublik fast omnipräsent gewesen war. Manch einem Besucher scheint er auch noch heute wichtig zu sein: Wladimir Iljitsch Lenin steht - als letzte steinerne Skulptur in Lettland - bezeichnenderweise auf dem Paradeplatz einer ehemaligen Kaserne der Roten Armee. Die Skulptur wurde nach der Wende von Alūksne hier in das früher streng abgeriegelte Areal verbracht, wo einst auf Mittel- und Nordeuropa gerichtete SS20-Mittelstreckenraketen stationiert waren.

Ein wenig vermittelt das Gelände den Eindruck, man wisse an offizieller Stelle nicht so recht, wie das Gelände sinnvoll genutzt und gestaltet werden könnte. So gammelt alles vor sich hin. Die Betonbunker werden nach und nach von Gestrüpp und Bäumen überwuchert. Fahrzeughallen und Hangars sowie ehemalige Rasenflächen werden teils als Holzlager genutzt. Irgendwie scheint der Platz nichts Halbes und nichts Ganzes zu sein.

Vielen von Ihnen mag eine Stätte des Kalten Krieges, wie diese, nicht als touristisches Ziel im Sinn liegen. Ein Besuch hier ist, so gesehen, auch verzichtbar. Doch gehört für mich auch dieser Teil der Geschichte zur Reise. Meinem Eindruck nach ist es ein ziemlich heruntergekommenes Mahnmal, das dennoch die Kälte solcher Kasernen als Zeichen militärischer Gewalt und Unterdrückung zu zeigen vermag.

Doch fehlt für ein Mahnmal die angemessene Pflege und Vermittlung objektiver Hintergrundinformationen, damit Besucher es richtig einordnen können. Es fehlt eine Klarstellung dessen, was das System, für das Lenin steht, in dem Land angerichtet hat, das Sie nun frei bereisen können. Vielleicht steht auch der Gedanke dahinter, dass Lenin und die Armee in den Augen vieler Letten für die Unterdrückung des Landes stehen. Mag die Gestaltung sogar bewusst so gewählt worden sein? Schade jedenfalls, dass keine historischen Fakten vermittelt werden.

ABKÜRZUNGSSTRECKE/ALTERNATIVE VON MADONA AUS

Nicht jeder hat genug Zeit mitgebracht, und lange Fahrtstrecken sind auch nicht jedermanns Sache. Deshalb können Sie statt der - allerdings sehr attraktiven - Route über Gulbene-Alūksne-Valmiera die Fahrt durch den Nordosten Lettlands abkürzen und direkt in den Gauja Nationalpark fahren. Auf der Route Madona-Cēsis habe ich hierfür ein interessantes Zwischenziel für die Fahrtunterbrechung ausfindig gemacht, den sehr schön gelegenen, familiär geführten Campingplatz am Inesi ezers:

VECPIEBALGA - INESIEŠI AVOTIŅI ATPŪTAS BĀZE

Stellplatzart: .... Campingplatz
GPS: N57 02 20.3 E25 47 58.4
Adresse: .... Vecpiebalga, Avotiņi
Tel.: .... +371 2653 7207
mailto: .... avotini51@inbox.lv
Homepage: .... www.avotini.viss.lv
Zufahrtinfo: Von Madona aus der P30 in nordwestlicher Richtung folgen. In Vecpiebalga, Höhe Friedhof (großer Parkplatz) links abbiegen auf die P33, der Straße Richtung Inesi und dann dem Schild „Viesu Māja Inesiši Atpūtas bāze Avotini" rechts abbiegen (zuletzt Schotterfahrweg).
Kurzbeschreibung: Weitläufiges Wiesengelände am See, teils schattig. Spielplätze/Sportmöglichkeiten (Fußball, Volleyball, Basketball, Trampolin etc.), Badestrand/Bootsverleih, Sauna, Picknick-/Grillstellen (Bilder unten). **Öffnungszeiten**: Mai-September.

UM DEN INEŠI SEE

Der Ineši See lässt sich auch mit dem Fahrrad sehr schön umrunden (ca. 16 km Fahrtroute, wobei kurze Abschnitte auf der Landstraße P33 zu meistern sind.

Über Taurene führt die P30 auf weiteren 35 km zur A2. Jenseits der Fernstraße ist dann der Gauja Nationalpark erreicht, der einen etwas längeren Aufenthalt verdient hat. Das erste markante Ziel dort ist die alte Stadt Cēsis (Wenden), in deren Nähe sich zwei schöne Campingplätze als Ausgangspunkt für Ihre Ausflüge anbieten. Und auch Freunde freier Übernachtungsplätze werden auf Ihre Kosten kommen. Mehr dazu später, denn der eigentliche Routenverlauf führt ja über Valmiera.

In den Gauja Nationalpark

Wenn Sie nicht die Abkürzungsroute genommen haben, steht nun **Valmiera** auf dem Programm, das sich als **Tor zum Gauja Nationalpark** versteht. Die Stadt an der mäandrierenden Gauja ist es wert, etwas länger zu bleiben. Dazu bietet sich auch hier ein schön und ruhig gelegener Campingplatz an. Sie finden die Tourist Info in der Rīgas iela 10, www.visit.valmiera.lv.

VALMIERA - BAIĻI

Stellplatzart: .... Campingplatz
GPS: N57 32 03.8 E25 28 10.0
Adresse: .... Valmiera, Brenguļu iela 23
Tel.: .... +371 29284119
mailto: .... baili@valm.lv
Homepage: .... www.baili.lv
Zufahrtinfo: Auf der P18 nach Valmiera, am Kreisverkehr auf die P20, nach 1,2 km auf die Kauguru iela und geradeaus ausgeschildert zum Ziel.
Kurzbeschreibung: Der gut ausgestattete Campingplatz dient im Winter als Skizentrum, im Sommer als Basis für Kanu- und Paddelurlauber. Auch, wer sich diesen Sportarten nicht verschrieben hat, ist gut aufgehoben. Wander- und Radwege, Nordic Walking und vieles mehr stehen auf dem Programm. Ein kleines Restaurant gehört dazu, Spielplatz, Picknick- und Grillstellen, Sauna, Ver-/Entsorgung. **Öffnungszeiten**: Ganzjährig.

Wo hat man das schon - man steht auf einem gepflegten Rasen, direkt am Fuß einer Skisprungschanze (auch wenn diese nicht mehr benutzt wird - Bild unten), daneben ein Skihang mit Lift, und ein kleines Stück entfernt die **Gauja**, wo sie Ihr (oder ein gemietetes) Kanu zu Wasser lassen und gemütlich über den gemächlich fließenden Fluss paddeln können - Urlaub pur!

ROUTE 4

Der Baiļi Rundweg

Fürs Wandern gibt es eigentlich kein schlechtes Wetter, nur schlechte Kleider. So habe ich eine Tour durch die sandigen, bewaldeten Dünen gemacht. Verirren gibt es nicht - besser kann ein Wanderpfad kaum ausgeschildert sein. Der gepflegte Wanderweg ist 8,8 km lang und erfordert keine besonderen Anstrengungen - abgesehen vom regelmäßigen Auf und Ab im herrlichen Wald auf kleinen Dünen. Im Sommer kann man den Weg auch mit dem Mountain Bike in Angriff nehmen, im Winter mit Langlaufbrettern.

Radler können die Fahrradroute nach Cēsis unter die Reifen nehmen.

Sicher auch eine gute Idee ist es, die Wanderung um 3,4 zu verlängern (einfacher Weg) und mit der gemütlichen Einkehr in einer kleinen Hausbrauerei zu verbinden. Dazu nimmt man den Verbindungspfad nach Brenguļi und genießt die lettische Küche zu einem frischen Bier.

VERBINDUNG NACH ESTLAND

Von Valmiera sind es ziemlich exakt 50 km in die „geteilte Stadt" Valka (estnisch Valga), die sich beiderseits der Grenze erstreckt. Auch diese Stadt ist nicht das touristisch interessante Ziel schlechthin. Doch verkehrstechnisch eben schon. Wenn Sie also hier nach Estland wechseln möchten - es ist kaum eine Stunde Fahrzeit.

Die Stadt **Valmiera (Wolmar)** selbst entpuppte sich für mich eher nicht als das Ziel, das ich unbedingt besuchen müsste. Erwähnenswert sind die Reste der Ordensburg, die Simonskirche und der Marktplatz der Stadt, die auf eine mehr als 9.000 Jahre währende Siedlungsgeschichte zurückblicken kann. Nur hat davon eben recht wenig die Jahrhunderte, besonders die Kriege und Besatzungen das 20. Jahrhundert überdauert.

DER GAUJA NATIONALPARK

Der Park wurde 1973 zum Schutz der vielfältigen, natürlichen und kulturellen Besonderheiten im Urstromtal der Gauja gegründet. Er umfasst 91.745 ha und eine Flusslänge von 93,5 km zwischen Valmiera und Murjani.

Ziel ist, neben der Schutzfunktion, die Schaffung der Voraussetzungen für einen nachhaltigen, naturverträglichen Tourismus. Ausgenommen von der touristischen Nutzung sind zwei Schutzzonen, die nicht betreten werden dürfen.

Fast die Hälfte des Parkgebietes ist bewaldet. Es ist die Heimat für über 900 Pflanzen-, 149 Vogel- sowie 48 Säugetierarten. Mehr als 500 kulturhistorisch bedeutende Sehenswürdigkeiten kommen hinzu. Besonders sehenswert sind die Städte Cēsis und Sigulda, das Museumsreservat Turaida und die Naturpfade von Līgatne. Diesen schenke ich in den Routenbeschreibungen deshalb besondere Aufmerksamkeit. **Informations-Zentren** finden Sie bei den Naturpfaden von Līgatne (geöffnet 9^{00}-18^{00} h, Tel. +371 64153313; +371 28328800, e-mail: ldtac@gnp.lv) sowie bei den Gutmannshöhlen bei Sigulda (geöffnet 8^{30}-20^{00} h., Tel. +371 26657661, e-mail: gac@gnp.lv.

So zieht es mich nach **Cēsis (Wenden)**. Doch liegen noch einige Kilometer bis dort vor mir. Wenn es passt, können Sie an der A3 eine ausgiebige Rast einlegen. Etwas abseits der Straße und schön an einem See gelegen, erwartet die **Raststätte Rubene** Gäste zur Stärkung, bei Bedarf auch für die Übernachtung auf dem Parkplatz (**GPS** N57 27 52.7 E25 15 26.1).

Bei Ankunft in **Cēsis** ist es dann sinnvoll, gleich im Vorfeld die Stellplatzfrage zu stellen, die sich mit guten Campingplätzen und freien Stellplätzen beantworten lässt.

RAISKUMS - APAĻKALNS

Stellplatzart: .... Campingplatz
GPS: N57 19 03.5 E25 08 52.3
Adresse: .... Raiskums, Apaļkalns
Tel.: .... +371 29448188
mailto: .... apalkalns@inbox.lv
Homepage: .... www.apalkalns.lv
Zufahrtinfo: Auf der A3 bis zur Abzweigung der P14 nach Cēsis fahren, dort links ab. Nach 10 km rechts abbiegen nach Raiskums und der Ausschilderung folgen.
Kurzbeschreibung: Weitläufiges Wiesengelände am Raiskuma ezers. Moderne Wohnmobil-Stellplätze mit Stromanschluss und Picknickbank, gepflegte Sanitärausstattung, WiFi, Ver-/Entsorgung, Waschmaschine/Trockner. Einrichtungen für Volleyball, Minigolf, Fahrrad- und Bootsverleih, Organisation von Kanutouren auf der Gauja. Besonderheit: Während meiner Recherche zum Saisonschluss 2014 war der Besitzer Juris Leimanis fleißig dabei, die Wohnmobil-Stellplätze weiter auszubauen - topfeben, gepflasterter Grund etc.
Öffnungszeiten: Mitte April-September. (Bild vorige Seite unten).

CĒSIS - ŽAGARKALNS

Stellplatzart: .... Campingplatz
GPS: N57 18 25.1 E25 13 16.1
Adresse: .... Cēsis, Mūrlejas iela 2
Tel.: .... +371 26266266
mailto: .... info@zagarkalns.lv
Homepage: .... www.zagarkalns.lv
Zufahrtinfo: Auf der P14 nach Cēsis, nach Überquerung der Gauja rechts ab ausgeschildert.
Kurzbeschreibung: Großes Campinggelände, teils schattig, direkt an der Gauja gelegen. Picknick- und Grillstellen, Stromanschluss, Ver-/Entsorgung. Auch hier verschiedene Sportgelegenheiten (Radtouren, Paddeln, Wandern). Sauna, WiFi, Spielplatz. **Öffnungszeiten**: Mai bis Mitte September.

AUCIEMS - DRIŠKINA EZERS

Stellplatzart: .... Zeltplatz
GPS: N57 21 36.1 E25 10 29.1
Adresse: .... Auciems - am Driškina See
Zufahrtinfo: In Auciems zweigt die Zufahrt zum See links von der P14 ab (grünes Hinweisschild). Die Schotterpiste ist etwas ruppig, aber vorsichtig gut befahrbar. Der einfache Zeltplatz liegt im Wald zwischen Bäumen. Also auf überhängende Äste achten!
Kurzbeschreibung: Picknick- und Grillstellen im Wald am Badesee, Trockentoiletten, Mülltonne. Besonders schöne Badestelle, herrliche Lage in der Natur.

Beim morgendlichen Bad im Driškina See

St. Johannes Kirche

Das renovierte Schloss

Den Leuchter sollten Sie berühren

Originell: Blick durch einen Rahmen

Entlang der Gauja

Egal, welchen der Stell- bzw. Campingplätze Sie für Ihre Übernachtung ausgewählt haben - alle lassen sich sehr gut mit einer kleinen Wanderung oder Radtour verbinden und bieten Paddeltouren an (Bild unten rechts von Peter Schuberth).

Da Apaļkalns außerhalb der Stadt liegt, empfiehlt sich das Fahrrad, um in die Stadt und zurück zu radeln. Die Entfernung ins Zentrum von Cēsis beträgt 10 km (einfache Strecke). Auf dem Rückweg auf der P14 können Sie um die Seen beim Campingplatz strampeln und die Tour um 2 km verlängern (insg. 22 km).

Vom Campingplatz Žagarkalns sind schöne Wanderwege an der Gauja ausgeschildert, die zum Spaziergang oder kleinen Wanderungen einladen (Bild unten links). Besonders interessant sind die markierten Naturpfade zu den **Sandsteinfelsen Cīrulīši**. Die 350 Mio Jahre alten Felsen ragen am Ufer der Gauja empor.

Sehenswertes in Cēsis

Ich starte bei der **Tourist Information**, die denkbar einfach zu finden ist: Sie befindet sich in einem Nebengebäude der Ordensburg (Pils laukums 9, Tel +371 64121815, +371 28318318, info@cesis.lv www.tourism.cesis.lv). Es liegt nahe, gleich die Ordensburg zu besichtigen. Man kann im Kerzenschein oder - weniger romantisch - mit Taschenlampe die Ruinen erkunden und auch die alten Wehrtürme besteigen. Eine Lichtquelle ist unbedingt zu empfehlen, will man die dunklen Treppen nicht im „Blindflug" wieder abwärts sausen. Das Schloss beherbergt überdies das historische Museum der Hansestadt Wenden (heute Cēsis). Sehenswert ist der Schlosspark, in welchem aber Hundeverbot gilt (... auch wenn sich einheimische Streuner wortwörtlich einen feuchten Dreck drum scheren. Mit meinem Hund wurde ich - trotz vorgezeigten Hundekotbeutels - gleich am Eingangstor des Feldes verwiesen).

Nicht weit entfernt steht die St.-Johannes-Kirche, eines der ältesten Steingebäude der Stadt. Sie hatte unter der sowjetischen Besatzung gelitten und war in einem heruntergekommenen Zustand, wird aber Stück für Stück wieder instandgesetzt. Vor dem Kirchgarten sehen Sie den gebückten Mönch mit einem Leuchter. Diesen sollten Sie berühren. Vielleicht können Sie dann Ihre Zukunft besser sehen? Über den Rosenplatz, den früheren Marktplatz, spaziert man durch die Katrīnas iela, die Kalēju iela und die Rīgas iela. Überall staunt man über das Ensemble herrlicher Altbausubstanz. An der Pils iela steht das einzige verbliebene Stadttor. Unweit davon erreichen Sie den Platz der Siegessäule, von wo das Foto durch den Bilderrahmen auf der vorigen Seite aufgenommen ist.

Damit Sie all das ohne Hektik genießen, sollten Sie einen passenden Parkplatz finden. Diesen erreichen Sie, wenn Sie von der P14 her in die Stadt fahren, vor der Altstadt links in die Palasta iela und gleich wieder links in die Bērzaeines iela abbiegen. Der Parkplatz liegt dann gleich links. Hier habe ich mehrfach problemlos einen Platz gefunden und andere, größere Wohnmobile auch über Nacht parken gesehen (**GPS** N57 18 43.0 E25 15 54.4). Gegenüber befindet sich übrigens gleich ein Lebensmittelmarkt.

Wenn Sie nun zur Weiterfahrt aufbrechen, kann ich Ihnen am Rand der Stadt noch einen weiteren Stellplatz empfehlen, der sich sehr gut mit der Einkehr im Restaurant verbinden lässt.

Von dort aus habe ich einen eindrucksvollen Ausflug in die herrliche Natur des Nationalparks auf dem Programm. Die Fahrt zum Wandern an der **Amata**, einem herrlichen Nebenfluss der Gauja, führt zwar auf Schotterstraßen durchs Land. Aber diese sind problemlos.

ROUTE 4

CĒSIS - HOTEL ATPŪTA

Stellplatzart: .... Restaurant
GPS: N57 18 13.1 E25 14 29.6
Adresse: .... Cēsis, Cīrulīšu iela 49
Tel.: .... +371 64127811
mailto: .... info@hotelatputa.lv
Homepage: .... www.hotelatputa.lv
Zufahrtinfo: Von der P14 in Richtung Campingplatz in in die Petera iela abbiegen. Das Restaurant liegt nach 500 m an der nächsten Kreuzung.
Kurzbeschreibung: Parkplatz vor dem Restaurant, in dem Sie preiswert und gut essen können. Nach Einkehr sind Sie auf Anfrage auch für eine Übernachtung auf dem Restaurantparkplatz willkommen.

Hierfür ist der geschotterte Parkplatz hinter dem Gebäude der bessere, da er etwas von der Straße abgeschirmt ist.

KĀRĻI - ZVĀRTES IEŽA APMEKLĒTĀJU CENTRS

Stellplatzart: Parkplatz
GPS: N57 14 45.2 E25 08 50.0
Adresse: Kārļi, Zvārtes iezis
Tel.: +371 2933 5446
mailto: ac@gnp.lv
Homepage: www.gnp.lv
Zufahrtinfo: 900 m südlich des Restaurants Atpūta Richtung Kārli/Līgatne. 7,3 km weiter, an einer Kreuzung rechts Richtung Līgatne abbiegen. Das Hinweisschild ist leider nur aus der Gegenrichtung erkennbar. 3,5 km weiter links ab und der Schotterstraße 1,7 km in die Talsohle zum Parkplatz folgen (gut befahrbare Schotterstraße).
Kurzbeschreibung: Asphaltierter/gepflasterter Parkplatz neben einem Kiosk/Informationsbüro, Trockentoilette, Mülltonne (Bild oben links).

LĪGATNE - AMATA

Stellplatzart: Parkplatz
GPS: N57 15 41.9 E25 08 16.1
Adresse: Līgatne/Gauja Nationalpark
Zufahrtinfo: Nachdem Sie die 1,7 km zurück gefahren sind, links abbiegen und weiter Richtung Līgatne fahren. Der Park- und Rastplatz befindet sich vor der Brücke über die Amata links.
Kurzbeschreibung: Parkplatz auf Naturboden, Picknick- und Grillstelle (Holzvorrat vorhanden), Mülltonne, Trockentoilette (Bild oben rechts).

Zum Teufelsfelsen und durchs Tal der Amata

Vom Parkplatz aus wandern Sie zunächst über die Wiese zum Fluss. Im Hintergrund sehen Sie schon den markanten Sandsteinfelsen, den Teufelsstein und können auf einem Stichweg zu diesem hinüber gehen (Bild vorige Seite unten). Der Weg führt über eine Hängebrücke und beim Felsen steil hinauf, wobei Sie überwiegend über eine Holztreppe steigen.

Vom Teufelsfelsen eröffnet sich ein herrlicher Blick über das sich weit öffnende Tal der Amata und zurück zum Parkplatz.

Wieder über die Hängebrücke gelangt man zum Wanderweg, der dem Flusslauf folgend durch das wildromantische Tal verläuft. Die Amata hat sich tief in den weichen, roten Sandstein gegraben. Steilufer und sandige Passagen wechseln sich ab, der Wald ist vielseitig und bietet den Wildtieren viel Unterschlupf. Am Wegrand erfreuen uns immer wieder herrliche Farbtupfer, welche die Pflanzenvielfalt während der Sommerblüte ins Grün malt. Was muss das erst im Frühling herrlich aussehen und duften! Sicherlich entdecken Sie zahlreiche Vögel, vielleicht einen Eisvogel, Wasseramseln oder Greifvögel und viele mehr. Auch Säugetiere leben hier in großem Artenreichtum, mitunter Wölfe, Luchse und Bären, wobei Sie von diesen nur sehr unwahrscheinlich etwas mitbekommen werden. Umgekehrt ist das sicher anders. Nach etwa einer Stunde ist der Wanderparkplatz an der Amatabrücke erreicht (ca. 2 Std. Gehzeit hin und zurück zzgl. 30 Minuten für die Besteigung des Teufelsfelsens).

Das Schottersträßchen schlängelt sich weiter durch das herrliche Tal auf Līgatne zu. Da Sie mit großer Wahrscheinlichkeit auf Ihrer Wanderung keine der großen Säugetiere zu Gesicht bekommen haben, lässt sich dies sehr einfach ändern - mit einem Besuch im **Tierpark von Līgatne**. Dieser und die Naturpfade sind sehr beliebte Ausflugsziele. Entsprechend groß ist das Parkplatzangebot.

LĪGATNE - TIERPARK UND NATURPFADE

Stellplatzart: .... Parkplatz
GPS: N57 14 53.2 E25 00 53.7
Adresse: .... Līgatne - Dabas parks
Tel.: .... +371 28 328 800
mailto: .... ldtac@gnp.lv
Homepage: .... www.gnp.lv
Zufahrtinfo: In Līgatne nach der Flussüberquerung rechts ab Richtung Gauja, dann links ab ausgeschildert.
Kurzbeschreibung: Großer, asphaltierter Parkplatz beim Informationszentrum. Zugang zu den Naturpfaden/Kasse. Picknickbänke am Parkplatzrand, WC im neu gebauten Informationszentrum (während der Öffnungszeiten).

DER TIERPARK UND DIE NATURPFADE

Im Tierpark leben die Tiere nicht in Käfigen, sondern in weitläufigen, sehr naturnahen Gehegen. Wenn Sie Pech haben, müssen Sie also auch hier etwas auf Elch & Co. warten. Doch Sie verbinden das Naturerlebnis mit viel Bewegung an der frischen Luft, denn das Wegenetz bringt es am Ende auf einige Kilometer, wenn Sie möchten.

LĪGATNE - KANOE KEMPINGS

Stellplatzart: .... Campingplatz
GPS: N57 15 16.2 E25 02 42.9
Adresse: .... Līgatne - Gaujas iela 36
Tel.: .... +371 2924 4948
mailto: .... karina@makars.lv
Homepage: .... www.makars.lv
Zufahrtinfo: Wie zum Tierpark, jedoch an der Gabelung geradeaus auf der Gaujas iela bleiben bis kurz vor dem Fluss.
Kurzbeschreibung: Wiesengelände, vergleichsweise einfach ausgestattet, aber gepflegt. Vorsicht beim Wasserbunkern - es ist zwar gesundheitlich nicht bedenklich, wie man mir versicherte, riecht aber etwas unangenehm, was durch gelöste Minieralien bedingt ist. Strom, WiFi. Organisation von Kanutouren.

Sehenswertes in Līgatne

Die Felsenhöhlen im Ort dienten einst der Lagerung von Lebensmitteln, später auch für das Papier der Fabrik, die im Zarenreich den Menschen Arbeit und Einkommen gab. Das Papierdorf aus dem 19. Jahrhundert, die eingefassten Wasserläufe für die Papiermühle und die alten Holzhäuser geben einen Eindruck vom Leben der Arbeiter früherer Tage (Kleiner Parkplatz **GPS** N57 13 52.5 E25 02 45.9). Besichtigung der Höhlen ist allerdings nur im Rahmen einer Führung möglich, da Sicherheitsvorschriften und der Naturschutz dies streng regulieren (Tel. +371 6415 3169, www.visitligatne.lv).

Ein kleines Fischereimuseum gibt überdies Aufschluss über das alte Handwerk früherer Tage (Gaujas iela 38, Tel. +371 2923 2837).

Etwas Besonderes ist der geheime Sowjetbunker von Līgatne („Vacation Hotel"), der Politgrößen und KGB-Offizieren der lettischen Sowjetrepublik als Unterschlupf für den Fall eines Atomkrieges hätte dienen sollen. Im Rahmen von Führungen (Sa/So $12^{00}/14^{00}/16^{00}$ h) können Sie die Bunkeranlage 9 m unter dem Rehazentrum von Līgatne kennenlernen. Wer mag, kann in der Kantine ein typisch sowjetisches Essen genießen. Anlagen für die Stromversorgung, Wasseraufbereitung, Telekommunikation und Klimatisierung sind aus der streng geheimen Anlage der Sowjetzeit erhalten (Tel. +371 6416 1915, www.bunkurs.lv).

In **Augslīgatne**, das Sie auf der Weiterfahrt Richtung Sigulda passieren, wird in der Löffelfabrik gezeigt, wie aus verschiedenen Holzarten Löffel hergestellt werden. Im Rahmen der Führung kann man sich schon mal selbst mit der Herstellung des Essbestecks befassen (www.spoonfactory.lv). Im Museumsladen kann das eine oder andere gute Stück auch käuflich erworben werden, ebenso andere hölzerne Produkte.

Über die A2 fahre ich dann weiter nach **Sigulda (Segewold)**, das für Wintersportler sicher ein Begriff ist. Bobfahrer und Rennrodler Lettlands haben hier ihre Heimat. Auch ein Skilift und nordischer Skisport sind hier zu Hause. Natürlich gehört auch hier ein guter Campingplatz zum Angebot für die Gäste, ebenso wie die Unterhaltung im kleinen Freizeitpark neben den Liftanlagen. Vor allem aber ist Sigulda ein sehenswerter Ort mit langer Geschichte. Allerdings haben die beiden Weltkriege und die Sowjetzeit nicht viel von der alten Bausubstanz übrig gelassen.

SIGULDA - SIGULDAS PLUDMALE

Stellplatzart: .... Campingplatz
GPS: N57 09 28.1 E24 50 13.9
Adresse: .... Sigulda, Peldu iela 2
Tel.: .... +371 2924 4948
mailto: .... karina@makars.lv
Homepage: .... www.makars.lv
Zufahrtinfo: In Sigulda Richtung Turaida halten. Die Straße führt in die Talsenke. Direkt vor der Brücke über die Gauja links abbiegen. Dann folgen der Freizeitpark Tarzāns, Skilift und Rodelbahn sowie auf der rechten Seite der Campingplatz.
Kurzbeschreibung: Wiese zwischen Straße und Gauja (siehe Bilder), Schatten durch den Uferwald, , Grill- und Picknickstellen, Du/WC/Ver-/Entsorgung (Entsorgungsplatz hinter dem Rezeptionsgebäude). Organisation von Paddeltouren auf der Gauja/Bootsverleih. WiFi, Spielplatz.
Öffnungszeiten: Mai bis Mitte September.

Sehenswürdigkeiten/Unternehmungen in und um Sigulda

Wie schon erwähnt, ist es hier nicht der Ort selbst, aber die nähere Umgebung, die Sigulda einen besonderen Reiz verleihen. In der Stadt finden Sie noch Reste der alten Ordensburg und das neoklassizistische Schloss, das heute die Verwaltung beherbergt.

Direkt oberhalb des Campingplatzes erhebt sich die steile Uferböschung. Sie ist so hoch, dass sogar ein Skilift und eben die Bobbahn eingerichtet werden konnten. Daneben erlaubt der Tarzāns Freizeitpark Spaß pur. **Öffnungszeiten/Info:** Mai-Okt 10^{00}-19^{00} h, Sa/So bis 20^{00} h, Tel +371 27001187, tarzans@tarzans.lv, www.tarzans.lv, . Eintritt € 32,00 Paketpreis für alle Attraktionen wie z. B. Hochseilgarten. Sommerrodelbahn und vieles mehr - kein billiges Vergnügen also, aber ein abwechslungsreiches! Man kann auch einzelne Angebote buchen. Mit einer Seilbahn schwebt man in den Nachbarort Krimulda hinüber.

Die **Gutmannshöhle** ist eines der spektakulärsten Besichtigungsziele Lettlands. Sie liegt rechts neben der Fahrbahn, kurz

ROUTE 4

nach Überquerung der Gauja und bevor die Straße wieder anzusteigen beginnt (Turaidas iela 2, Tel. +371 26657661, www.gnp.lv, **GPS** N57 10 33.5 E24 50 48.4, Parkplatz gebührenpflichtig, Kiosk). Vom Campingplatz aus ist es ein netter Spaziergang dorthin. Auch mit dem Fahrrad ist die Höhle gut erreichbar.

Sie gilt als die größte Höhle im Baltikum. An den Wänden sind Aufschriften aus dem 17 Jahrhundert erhalten. Entstanden ist die 18,8 m tiefe, 12 m breite und 10 m hohe Höhle durch die Fluten der Gauja und einer Quelle aus dem Gestein aus den Höhlenwänden, die den weichen Sandstein auswuschen.

Der Sage nach wird die heilkräftige Quelle in der Höhle aus den Tränen der Frau des livischen Häuptlings Rindaugs gespeist, der seine untreue Frau hier lebendig begraben haben soll. Angenehmer klingt die Erklärung für den Namen, dass ein guter Mann hier gelebt haben soll. Die Gutmannshöhle war überdies jahrhundertelang eine Kultstätte, in welcher der Götzen gehuldigt wurde.

DIE ROSE VON TURAIDA

Ein Schreiber, der die Kämpfe zwischen Polen und Schweden mit der Zerstörung der Burg Turaida überlebt hatte, fand ein verwaistes Mädchen, das er aufzog. Sie soll so schön geworden sein, dass man sie Maija, die Rose von Turaida nannte. Bei der Gutmannshöhle soll sie sich abends gerne mit ihrem Geliebten Viktors Heils, Gärtner am Schloss Sigulda, getroffen haben, was den Neid anderer junger Männer hervorrief, darunter zwei Deserteure der polnischen Armee - Jakubovskis und Skudrītis. Jakubovskis wollte Maija heiraten, doch sie liebte nur ihren Verlobten.

Jakubovskis beschloss, sie sich mit Gewalt zu nehmen. Er schickte Skudrītis, angeblich im Namen von Viktors, zu Maija und ließ sie zum Treffpunkt an der Höhle einladen. Als sie die Falle bemerkte, wollte sie lieber sterben als geschändet zu werden. Sie trug ein Seidentuch um den Hals, das ihr der Verlobte geschenkt hatte. Sie sagte zu Jakubovskis, dass das Halstuch Zauberkräfte besitze. Wer es trage, werde vor Verletzungen geschützt und forderte ihn auf, es zu prüfen. Nach kurzem Zögern hieb Jakubovskis zu und das Mädchen sank zu seinen Füßen. Er flüchtete in den Wald und erhängte sich. Als Viktors die Tote entdeckte, eilte er nach Turaida, um Hilfe zu holen. Man fand die blutverschmierte Waffe, doch wurde Viktors verdächtigt und zum Tode verurteilt. Skudrītis wurde während des Prozesses vom schlechten Gewissen gepackt und er erzählte die Wahrheit. Viktors wurde daraufhin freigesprochen.

Maija wurde auf dem Friedhof neben der Kirche in Turaida begraben, wo man ihre Gedenkstätte besichtigen kann. Lange dachte man, es sei eine Sage, doch wurden später Gerichtsprotokolle gefunden, die das Erzählte bestätigten.

Neben der Gutmannshöhle befindet sich die kleine Viktors Höhle, diese soll Viktors Heils für seine Braut gehauen haben, damit sie von dort die Gärten der Burg Sigulda sehen könne, wo er arbeitete. Die Geschichte von Viktors und Maija ähnelt der Geschichte von Romeo und Julia und trug dazu bei, dass Sigulda als Stadt der Liebe bezeichnet wird.

BURG TURAIDA (TREYDEN) UND DAS MUSEUMSRESERVAT

Folgt man der Straße von der Gutmannshöhle weiter, erreicht man die mächtige **Burg Turaida**. Das Museumsreservat steht unter besonderem Schutz. Die Festung wurde im 13. Jahrhundert von Deutschordensrittern errichtet, nachdem die hölzerne Vorgängerburg, eine von mehreren in und um Sigulda, verloren war.

Die mächtige Burg wurde im Zug der Kriege zwischen Polen und Schweden zerstört. 1953 wurde der Wiederaufbau in Angriff genommen, der allerdings noch bei weitem nicht abgeschlossen ist.

Das Museumsareal umfasst die mittelalterliche Burg nebst Kirche, Landgut, den Volksliederberg und das Denkmal der Rose von Turaida.

Der Volksliederberg ist ein Skulpturengarten, der Ehren des Volksliedersammlers Krišjānis Barons gestaltet wurde. Die 1750 erbaute Kirche von Turaida ist eine der ältesten Holzkirchen Lettlands. Archäologische Funde belegen, dass sich bereits zuvor mindestens zwei Kirchen hier befanden.

Auf dem Gebiet des Museumsreservats wurden Naturpfade mit einer Länge von wenigen hundert Metern bis zu einem Kilometer angelegt. Dort lernt man seltene Pflanzen kennen, entdeckt schöne Wasserläufe sowie Sandsteinformationen, Burgmauern und -türme.

Öffnungszeiten/Info: Nov-April 10^{00}-17^{0}, Mai-Okt 10^{00}–18^{00}. Außengelände, Hauptturm und Südturm während der Sommersaison 9^{00}–20^{00} h. Tel. + 371-67972376 oder +371-29269921, www.turaida-muzejs.lv.

ROUTE 4

Der Parkplatz des Museumsreservats ist im Grunde übernachtungstauglich (**GPS** N57 11 10.6 E24 50 44.2). Tagsüber ist der Platz (gegen Parkgebühr - Tagesticket 2014: € 3,56) auch überwacht. Von einem ruhigen Stellplatz möchte ich jedoch nicht sprechen. Die nach meinem Eindruck attraktivste Alternative bietet sich nach knapp 900 m, auf der ich in westlicher Richtung weiterfahre. Hier können Sie den Aufenthalt (auf Anfrage auch über Nacht) mit der Einkehr bei heimischer Küche verbinden. Die Gastgeber hatten ihr Restaurant an historischer Stätte neu errichtet und verstehen sich hervorragend darauf, die lettische mit Ideen der internationalen Küche zu verbinden. Wichtig ist es ihnen, frische Zutaten aus Wald und Feld der Umgebung zu verwenden: Wild, Beeren, Kräuter und Pilze wandern auf kürzestem Weg in die Küche. So war ich vom bewusst einfachen, aber guten (und übrigens sehr preiswerten) lettischen Gericht „Koča" begeistert - eingelegte Graupen, mit Speck und Zwiebeln geröstet, dazu eine gebackene Knoblauchknolle, serviert mit dem obligatorischen Sauerrahm. Ein Gedicht! Knapp 1 km weiter liegt links unterhalb der Straße ein Parkplatz, den Sie mit einer kleinen Wanderung hinab zur Gutmannshöhle verbinden können.

TURAIDA - RESTAURANT KUNGU RIJA

Stellplatzart: .... Restaurant
GPS: N57 11 03.5 E24 49 59.3
Adresse: .... Turaida, an der P7
Tel.: .... +371 6797 1473 oder +371 2923 5741
mailto: .... info@kungurija.lv
Homepage: .... www.kungurija.lv/GER/restorans.php
Zufahrtinfo: Von Turaida aus 900 m in westlicher Richtung.
Kurzbeschreibung: Parkplatz etwas abseits der P7, von der Straße durch Hecken abgeschirmt. Wenige Meter über die kleine Brücke zum Restaurant mit rustikalem, stilvollem Gastraum und herrlicher Sonnenterrasse. Prima lettische Küche - empfehlenswert! Reservierung sinnvoll.
Alternative: Wanderparkplatz 1 km weiter links unterhalb der P7 (**GPS** N57 10 41.7 E24 49 23.8, von dort Wanderweg zur Gutmannshöhle).

ROUTE 4

Auf der Weiterfahrt Richtung Ragana können Sie beim nahen Skilift (dort eine weitere Einkehrmöglichkeit) oder bei der schönen **Kirche von Krimulda** einen Halt einlegen. Auch der Parkplatz bei der Kirche ist für eine Nacht durchaus tauglich - natürlich mit angemessenem Fingerspitzengefühl und nicht zu Gottesdienstzeiten (**GPS** N57 09 49.0 E24 46 06.6). Es lohnt sich, einen Blick in das schmucke Gotteshaus zu werfen, dessen Ausstattung einige schöne Details bietet. Draußen über dem Parkplatz können Sie überdies die auf den Strommasten am Parkplatz nistenden Störche und deren Geklapper bewundern. (siehe Bilder).

Westliches Vidzeme - Ostseeküste

Auf der P7 erreichen Sie zügig die A3. Wenn Sie noch etwas Zeit haben, folgen Sie mir weiter. Ich biege rechts auf die A3 ein, um gleich wieder links auf die P9 einzuscheren.

VARIANTE: VOM GAUJA NATIONALPARK ZUNÄCHST NACH RĪGA

Wer weniger Zeit hat oder über Estland weiterreist, kann hier die Fahrt abkürzen und sich Richtung Rīga einordnen, um die Hauptstadt vorzuziehen und von dort hierher zurück oder auf der Via Baltica (A1) entlang der Ostseeküste Richtung Estland zu fahren.

BĪRIŅI - BĪRIŅU PILS (SCHLOSS)

Stellplatzart: .... Parkplatz
GPS: N57 14 37.6 E24 39 47.8
Adresse: .... Bīriņi, links der P9
Tel.: .... + 371 64024033
mailto: .... hotel@birinupils.lv
Homepage: .... www.birinupils.lv
Zufahrtinfo: Auf der P9 Richtung Limbaži, in Bīriņi links ab durch das markante Backsteintor. Kurz vor dem See links der (gebührenfreie) Parkplatz. Ein weiterer Parkplatz findet sich beim Schloss (gebührenpflichtig - bei Verzehr im Restaurant oder Café über € 9,00 Erstattung.
Kurzbeschreibung: Schotterplatz im Schatten hoher Bäume vor dem Schlosszugang. Einkehrmöglichkeit, Besichtigung von Schloss und Park empfehlenswert. Café in der Schlossmühle im Sommer.

ROUTE 4

Ein erster Halt steht bei **Bīriņi** auf dem Programm, nachdem mich der markante Torbogen neben der Landstraße doch ziemlich neugierig gemacht hat. Wenige Meter weiter steht mein Wagen auf dem kleinen Parkplatz, von wo es wenige Schritte zu einem eindrucksvollen Schloss sind (Eintrittsgebühr 2014: € 2,00 p. P., mit Schlossbesichtigung € 4,00). Das romantische, verspielte Bauwerk - typisch für die Zeit gegen Ende des 19. Jahrhunderts

- bietet Türmchen und Erker, rundum viel Grün und Bäume im herrlichen Park, von dem es umgeben ist, teils mit uralten, knorrigen Bäumen (Bild). Schön, dass man den Besuch nicht nur mit der Besichtigung und dem Spaziergang, sondern mit der Einkehr im Restaurant im Untergeschoss des Herrenhauses verbinden kann (tgl. 13⁰⁰-21⁰⁰ h). Mir war das leider verwehrt - es war für eine Hochzeitsgesellschaft reserviert. Als guter Ersatz dienten mir Kaffee und Kuchen im Café in der historischen Wassermühle im Schlosspark (geöffnet im Sommer Mi-So 11⁰⁰-18⁰⁰ h).

Die Hochzeitsgesellschaft wollte ich nicht stören und fuhr weiter. So habe ich - ursprünglich ungeplant - an der Strecke Richtung Limbaži ein weiteres interessantes Ziel entdeckt. Auf diese Weise fand ich auf diesem netten Zwischenstopp ein schönes Bild als Mitbringsel für meine Frau und ein schönes Museum für Ihre Besichtigung.

ROUTE 4

Es ist immer wieder gut, mit den Leuten zu reden, die man trifft. Das bestätigt sich auch hier. Ich berichtete Ilse vom Stein, die mir das dem Komponisten Emilis Melngailis gewidmete Museum zeigte, dass ich noch etwas Hunger verspüre. Schon war mit dem Restauranttipp auch der nahe Stellplatz gefunden, der sich als Ergänzung zum Museumsbesuch bestens eignet (Bilder nächste Seite oben). Das Museum für Emils Melngailis bietet noch mehr als die Informationen zum Leben und Wirken des Komponisten. Ein Klassenzimmer früherer Tage, eine Wohnung, eingerichtet wie zu Sowjetzeiten, Ilses Malatelier und nicht zuletzt der Museumsladen sollen hier nicht unerwähnt bleiben. Hier ist einfach für jeden etwas dabei. Und im Nebengebäude gibt es obendrein eine kleine Sammlung landwirtschaftlicher Gegenstände.

P WC IGATE - EMILA MELNGAILA MUZEJS

Stellplatzart: Parkplatz
GPS: N57 22 18.2 E24 41 01.2
Adresse: Igate - an der P9
Tel.: +371 25609577
mailto: melngailamuzejs@e-apollo.lv
Homepage: http://www.visitlimbazi.lv
Zufahrtinfo: An der P9 in Richtung Limbaži rechts der Straße ausgeschildert.
Kurzbeschreibung: Geschotterter Parkplatz neben der P9 , die allerdings wenig befahren ist.

P IGATE - IGATES PILS DZIRNAVU KRODZIŅŠ

Stellplatzart: Parkplatz/Restaurant
GPS: N57 22 52.0 E24 41 06.8
Adresse: Igate - Igates pils
Tel.: +371 4606 2222
mailto: igatespils@igatespils.lv
Homepage: www.igatespils.lv
Zufahrtinfo: Auf der P9 etwa 2 km nördlich des Museums.
Kurzbeschreibung: Parkstreifen kurz nach dem Mühlenrestaurant. Fährt man noch etwas weiter, folgt ein größerer Parkplatz beim Schloss. In der Mühle gemütlicher Gastraum und schmackhafte lettische Küche.

Etwas weiter nördlich liegt das Städtchen **Limbaži**. Das Städtchen ist kein Touristenort, den alle Welt besucht, aber ein schönes, gepflegtes Ziel mit einem herrlichen See, schmucken Häusern und weiteren netten Einkehrmöglichkeiten. Der Reiz ist, dass es einiges zu sehen gibt, andererseits etwas Distanz zur Via Baltica und zum Gauja Nationalpark bleibt - eine gute Mischung für all diejenigen, die den Touristenrummel meiden möchten. **Tourist Information**: +371 64070608, tic@limbazi.lv, www.limbazi.lv.

Einen Camping- oder Wohnmobilstellplatz im eigentlichen Sinne gibt es nicht. Aber in der Nähe der Seepromenade mit Badestrand und Bootsverleih kann man gut am Straßenrand verweilen, wer mag, auch über Nacht (**GPS** N57 30 18.5 E24 42 25.5, Lielezera iela). Durch den Wald gelangt man auf Holzbohlenwegen zum See und kann bei schönem Wetter gleich die Badesachen mit einpacken. Wer das Städtchen selbst besichtigen möchte, geht oder radelt vom vorgenannten Parkplatz dorthin oder kann überdies bei der schmucken orthodoxen Kirche parken (**GPS** N57 30 53.0 E24 42 56.3, Dailes iela).

ROUTE 4

Wenige Kilometer außerhalb liegt - abgelegen in der Natur - die gepflegte Ferienanlage Meza Salas, die all denjenigen zusagen dürfte, die sich gerne auf einem guten Campingplatz einnisten.

LIMBAŽI - MEŽA SALAS

Stellplatzart: .... Campingplatz
GPS: N57 28 50.9 E24 33 46.5
Adresse: .... Limbaži - Meža Salas
Tel.: .... +371 2912 2133
mailto: .... info@mezasalas.lv
Homepage: .... www.mezasalas.lv
Zufahrtinfo: Auf der P11 vom Zentrum Richtung Tūja, dann links ab über eine ausgeschilderte Schotterpiste 5,2 km zum Campingplatz.
Kurzbeschreibung: Gepflegter, auf einer Rodung in den Wäldern angelegter Platz (10 ha, aufgelockert durch Teiche, viel Grün). Ver-/Entsorgung, Strom, Restaurant/Café, Angeln, Grill-/Picknickstellen, WiFi, Waschmaschine/Trockner (unteres Bild). **Öffnungszeiten**: Ganzjährig.

Verspüren Sie angesichts der nahen Ostsee eher den Bedarf, nochmals so richtig den Sandstrand zu genießen? Dann müssen Sie noch ein paar Kilometer westwärts fahren, überqueren die Via Baltica und fahren ein kurzes Stück weiter zum herrlich am Meer gelegenen Campingplatz, an dem sie sich die Seeluft schnuppern und den Sonnenuntergang genießen können (Bilder nächste Seite).

TŪJA - JŪRASDZEŅI

Stellplatzart: .... Campingplatz
GPS: N57 29 23.8 E24 22 59.7
Adresse: .... Tūja, juras iela 10
Tel.: .... +371 2655 0574
mailto: .... info@jurasdzeni.lv
Homepage: .... www.jurasdzeni.lv
Zufahrtinfo: Über die A1 (Via Baltica) und bis zur Ostsee vorfahren/Schild.
Kurzbeschreibung: Schöner, naturnaher Campingplatz am Sandstrand, Strandcafé, familiär geführt, gepflegt. Sanitärausstattung wird auf modernen Stand gebracht, wodurch die Gebühr steigen dürfte (2014: € 10,00/Wohnmobil pauschal). **Öffnungszeiten**: Mai-September.

Radtour mit Genuss: Nach Liepupe

Die alte Küstenstraße bietet sich für schöne Radtouren an. Wenn Sie ein gutes Restaurant mit lettischer Küche besuchen möchten, ist dies nicht weit entfernt. Es könnte ein gutes Zwischenziel für Ihre Radtour sein, ist aber auch mit dem Wohnmobil erreichbar.

Vom Campingplatz führt die ehemalige Küstenstraße (Jūras iela) entlang der Küste. Unterwegs können Sie einen Badestopp einlegen. (Tipp für die Fahrt mit dem Wohnmobil: Parkplatz **GPS** N57 28 41.8 E24 23 03.7).

Etwas südlich, kurz vor der Liepupe beim Weiler Limbuzi, schwenkt die Straße nach Osten ab und führt Richtung Via Baltica. Jenseits der Fernstraße, die Sie bei **Jelgavkrasti** überqueren, liegt das Dorf **Liepupe** im Hinterland. Dort erwartet Sie das **Restaurant Fon Meck** im aufwändig restaurierten Herrenhaus. Am besten reservieren Sie im Vorfeld (Tel. +371 2780 2801, www.liepupehotel.com) einen Tisch im stilvollen Restaurant - ein Einkehrtipp, das mir selbst aufgrund einer Hochzeitsgesellschaft verwehrt blieb. Von den Campingplatzbesitzern wurde mir berichtet, dass zahlreiche Gäste begeistert davon gewesen seien, was ich gerne so weitergebe. Durch die Muižas iela radeln Sie in nordöstlicher Richtung bis zur P11 und auf dieser zur A1 links ab und gelangen über diese hinweg geradeaus zum Campingplatz zurück (Etwa 25 km ohne besondere Schwierigkeiten).

Wenn Sie sich vor der Fahrt auf der A1 nicht scheuen, könnten Sie knapp 800 m nördlich entlang der A1 radeln, auf die westliche Seite wechseln und auf der Schotterstraße einen Bogen schlagen (zusätzlich ca. 5 km auf Schotterfahrwegen).

Abstecher an der Ostseeküste/Verbindung nach Estland

Wenn Sie nun die Fahrtrichtung Nord einschlagen und Richtung Estland weiterreisen möchten, folgen Sie der Via Baltica 8,3 km nordwärts. Dann zweigt eine Stichstraße Richtung Ostseestrand ab. Die **Veczemju klintis**, eine von der Brandung ausgehöhlte Sandsteinformation mit markanter Steilküste, sind eine Besonderheit. Der Sandstrand ist hier mit Findlingen durchsetzt, aber nicht weniger schön als die endlosen Sandstrände - im Gegenteil.

Der Campingplatz ist eine Mischung zwischen freiem Badestrand und Campingplatz. Sie haben die Wahl und können Ihr Wohnmobil auch auf dem gebührenpflichtigen, bewachten Parkplatz abstellen oder das neuerdings gut ausgebaute Campingareal ansteuern.

SALACGRĪVA - VECZEMJU KLINTIS

Stellplatzart: Campingplatz/Parkplatz
GPS: N57 34 45.2 E24 21 58.9
Adresse: Salcgrīva, Veczemju klintis
Tel.: +371 29464686
mailto: info@kempingi.lv
Homepage: www.kempingi.lv
Zufahrtinfo: 8,3 km nördlich der Zufahrt Tūja links ab auf die gut ausgebaute Schotterstraße - 4,9 km bis zum Parkplatz.
Kurzbeschreibung: An der Einfahrt zum Campingplatz rechts ein großer, geschotterter Parkplatz, der auch für Tagesgäste gegen Parkgebühr (€ 5,00/Tag) offen steht. Wer das Campingareal mit den entsprechenden Annehmlichkeiten ansteuert, muss € 15,00 mehr auf den Tisch legen. Dann stehen Ver-/Entsorgung, Dusche/WC und Stromanschluss, Spiel- und Sportplätze sowie Picknick- und Grillstellen uneingeschränkt zur Verfügung. **Öffnungszeiten**: Mitte Mai bis Mitte September.

Entlang der verbleibenden Strecke von knapp 36 km bis zur lettisch-estnischen Grenze bei Ainaži ist das Angebot an schönen Stellplätzen und Sehenswürdigkeiten eher dünn. Bald führt die A1 dicht an die Ostsee heran. Entsprechend wenig Platz gibt es für schöne, ruhige Stellplätze. Zudem wirkt sich dies auf das Preisniveau der Plätze aus. Einige habe ich dennoch gefunden.

Ein schön in den bewaldeten Dünen und in Strandnähe gelegener Platz ist der Campingplatz **Vejavas**. Ein zweiter Campingplatz mit dem gepflegten **Restaurant Rakari** liegt an der Zufahrt. Dort müssen Sie allerdings recht tief in die Tasche greifen.

Wer eine Badestelle sucht, in deren Nähe man einen übernachtungstauglichen Parkplatz findet, muss bis **Salacgrīva** fahren. Am nördlichen Ortsausgang liegt ein weiterer, komfortabel eingerichteter Platz beim Hotel Kapteinu Osta (Bild unten: Am Strand).

SALACGRĪVA - VEJAVAS

Stellplatzart: .... Campingplatz
GPS: N57 41 16.7 E24 21 48.8
Adresse: .... Salcgrīva, Vejavas
Tel.: .... +371 64071667
mailto: .... info@vejavas.lv
Homepage: .... www.vejavas.lv
Zufahrtinfo: Von der A1 über eine Zufahrt von 300 m auf Schotter.
Kurzbeschreibung: Stellplätze für Caravans/Wohnmobile mit Stromanschluss im bewaldeten Dünenbereich, wenige Schritte zum Sandstrand. Zahlreiche Picknick-/Grillstellen, allerdings keine Entsorgungsmöglichkeit für chemiehaltige Toiletten, Trockentoiletten. Campingpreis je Wohnmobil/Caravan inkl. 2 Pers./Strom pauschal € 17,00.
Alternative: An der Zufahrt das Restaurant Rakari mit Campingwiese hinter dem Restaurant. Campinggebühr mit € 25,00 je Wohnmobil (inkl. 2 Pers./Strom) vergleichsweise hoch.

SALCGRĪVA - KAPTEINU OSTA

Stellplatzart: .... Campingplatz/Restaurant
GPS: N57 47 12.5 E24 20 59.8
Adresse: .... Salcgrīva, Pernava iela 49a
Tel.: .... +371 640 24930
mailto: .... info@kapteinuosta.lv
Homepage: .... www.kapteinuosta.lv
Zufahrtinfo: Durch den Ort fahren, am nördlichen Ortsausgang links ab.
Kurzbeschreibung: Große, schattenlose Stellplatzwiese hinter dem Betonbau des Hotel/Restaurants, in dem man gepflegt essen gehen kann. Stromanschluss und moderne Du/WC im Bereich der Zufahrt zum nahen Sandstrand.
Alternative/Parkplatz (übernachtungstauglich)**:** Zvejnicku parks - **GPS** N57 46 10.3 E24 21 04.4/Sporta iela. Verschiedene Sportstätten, Zugang zum Sandstrand ca. 200 m. Kann abends/an Wochenenden unruhig sein.

Salacgrīva ist an sich ein wenig attraktiver Ort, zumal die stark befahrene Via Baltica den Fischerort regelrecht von Süd nach Nord durchtrennt. Eigentlich wird die Siedlung sogar geviertteilt - in Ost-West-Richtung fließt die Salaca mitten hindurch, wobei dies den Flussfischern die Möglichkeit gibt, ihre ganz besondere Art des Fischfangs zu betreiben. Mit speziellen, in den Fluss eingelassenen Reusen, die man an einem Zaun im Fluss befestigt, werden Neunaugen gefangen. In Strandnähe finden Sie das eine oder andere Restaurant, in dem Sie frischen Fisch serviert bekommen.

Die Via Baltica folgt, versehen mit ein paar Aussichtspunkten auf die Ostsee, der Küste nordwärts in den Grenzort **Ainaži**. So klein der Ort sein mag, finden sich ein paar Plätze, die interessant sind, bevor man ins nördliche Nachbarland wechselt. Markant ist der Leuchtturm, der - zusammen mit den Resten der ehemaligen Hafenmole - die Grenze nach Estland markiert. Er gab früher den Seefahrern Orientierung für die schwierige Hafeneinfahrt, denn Sandbänke ziehen sich vor der flachen Küste entlang. Heute befindet sich dort ein Schutzgebiet.

Wo sich einst der Hafen befand, der nach dem I. Weltkrieg an Bedeutung verlor und nach dem II. Weltkrieg den Betrieb einstellte, erstrecken sich heute Küstenwiesen, die ein interessantes Terrain für die Vogelbeobachtung mit einer vielseitigen Pflanzenwelt abgeben. Das Gebiet wurde zum „Natura 2000 Schutzgebiet" erhoben. Pfade wurden angelegt, um das Gebiet zugänglich zu machen - auch als Badestrand (Bild unten) und zugleich um die Natur zu schützen. Sehenswert ist überdies die Kirche, die nicht weit vom Parkplatz des Museums entfernt steht. Ein kleines Seefahrtmuseum erwartet seine Gäste in dem früheren Hafenort. Es ist in der ehemaligen Schifffahrtsschule untergebracht. Gezeigt werden an die 9.000 Ausstellungsstücke, darunter Dokumente aus der für den Ort früher bedeutenden Seefahrt und zum Bau von Segelschiffen.

Auf der alten Küstenstraße wechseln Sie nun ohne Grenzkontrolle hinüber nach Estland - gute Fahrt und weiter viel Spaß wünsche ich Ihnen im schönen Nachbarland!

P AINAŽI - SEEFAHRTMUSEUM

Stellplatzart: .... Parkplatz
GPS: N57 51 54.5 E24 21 31.5
Adresse: .... Ainaži, Valdemāra iela
Tel.: .... +371 64043349
mailto: .... ainazumuzejs@apollo.lv
Homepage: .... www.ainazumuzejs.lv
Zufahrtinfo: Die A1 verlassen und in den Ort fahren. An der Durchgangsstraße links, kurz vor dem Museum gelegener Parkplatz.
Kurzbeschreibung: Asphaltierter Parkplatz gegenüber dem Museum, Mülltonne. Wenige Schritte entfernt das Café Helmi.
Alternative: Parkplatz am ehemaligen Hafen (**GPS** N57 51 59.8 E24 21 23.5 - Parka iela).

ROUTE 4

VARIANTE: VOM GAUJA NATIONALPARK NACH RĪGA

Sofern Sie Ihre Rundreise durch Estland fortsetzen, vielleicht sogar von Tallinn oder Paldiski (Baltischport) Richtung Finnland oder Schweden entschwinden, können Sie vom Gauja Nationalpark zuvor über die A2/A3 in die Metropole reisen. Sie müssen dann Ihre Fahrtroute einfach etwas umbauen und wir treffen uns beim Lettischen Ethnografischen Museum wieder, wo sich die Wege treffen werden. Siehe dazu Hinweis Seite 120.

Über die A1 gelangen Sie von Tūja aus in die Hauptstadtregion, zu welcher ich den „Badestrand von Rīga" zählen möchte: Jūrmala. Unterwegs liegen einige interessante Plätze, die Sie nicht verpassen sollten, zumal ein Besuch bei einem alten Bekannten aus Kinderjahren dazu gehört.

Ziemlich genau 10 km südlich der Einmündung der P11 in Höhe Tūja werden Sie links die mit dem Signet eines edlen Herren auf dem Sockel einer Windmühle entdecken (Bild unten links). Wir alle kennen den Herrn bestens: Gemeint ist **Hieronymus Carl Friedrich Freiherr von Münchhausen**, der Erzähler der allseits beliebten Lügengeschichten... Quatsch! Natürlich meine ich nicht Lügen, sondern fantasievolle Erzählungen... Die Hinweistafel, die rechts ab zu einem der meistbesuchten Museen Lettlands führt, ist kaum zu übersehen. Und schon können Sie den Zündschlüssel auf dem großen Parkplatz ziehen, aber leider dort nicht übernachten (Parkgebühr € 2,00 - **GPS** N57 24 17.0 E24 25 29.6).

Das Münchhausen-Museum in Dunte

Lassen Sie es mich gleich klarstellen: Es ist keine Lüge, dass Münchhausen hier gelebt hat. Hier verbrachte er, gemeinsam mit seiner Gattin Jacobine, sechs lange (aber schöne und kurzweilige) Jahre im **Gutshof von Dunte**. Geboren und aufgewachsen ist er 1720 in Bodenwerder in Niedersachsen, von wo er übersiedelte.

Leider sind viele Originale der Ausstellung einem Brand zum Opfer gefallen. Doch wurde das Museum, auch mit Hilfe aus der Partnergemeinde Bodenwerder und mit EU-Mitteln wieder aufgebaut und rekonstruiert. Vieles wurde mit Exponaten aus Bodenwerder ersetzt und ergänzt, was uns heute die netten Geschichten des Barons in Erinnerung ruft.

Im Prunksaal sind Szenen aus Münchhausens Erzählungen dargestellt. Ob Sie es nun glauben, oder nicht: Dunte ist ein besonderer Ort, wie Freiherr von Münchhausen bestätigt. Hier trifft sich das Meer mit dem Wald, im Winter werden Pferde an die Kirchtürme angebunden, mit einem Schuss werden zehn Enten getroffen. Schließlich empfängt Sie der Freiherr von Münchhausen mit seiner Beute – mit Enten, die alle mit einem Schuss getroffen wurden. Hier erlegen Enten die Greifvögel, nicht umgekehrt, und - Sie kennen das ja - es soll sogar Soldaten geben, die auf einer Kanonenkugel reiten können...

Im Obergeschoss kann man ein Wachsfigurenkabinett bewundern, das zahlreiche Persönlichkeiten aus Lettlands Politik und Kultur zeigt, sei es die Basketballspielerin Uļjana Semjonova, der Expräsident Kārlis Ulmanis oder Krišjānis Barons, der als Vater der Dainas [lettische Volkslieder] gilt. Nicht zu vergessen ist natürlich auch der Museumsladen, aus dem das eine oder andere Souvenir den Besitzer wechseln kann.

Sie sollten den Besuch auch für eine kleine Wanderung oder einen ausgedehnten Spaziergang nutzen. Der 5,3 km lange, mit 40 Skulpturen aus Münchhausens Geschichten unterhaltsam gestaltete Münchhausen-Pfad führt auf Holzbohlen bis zum Meer. Eine kürzere Route (3,17 km) dient als Abkürzung. Jüngst wurde das Freigelände bis jenseits der A1 vergrößert. Zur Stärkung gibt es die Gaststätten „Jacobinas Garten".

Öffnungszeiten und Info: Mo-Do 10^{00}-17^{00} h, Fr-So 10^{00}-18^{00} h, im Winter Mi-So 10^{00}-17^{00} h.. Tel. +371 64065633, minhauzens@minhauzens.lv, www.minhauzens.lv.

Da die Übernachtung beim Lügenbaron nicht möglich ist, der Weg nach Rīga aber noch ein wenig zu weit sein mag, sind Sie sicher für zwei Übernachtungsstellen dankbar, die ich auf dem Weg guten Gewissens weiterempfehlen kann. Der erste Platz ist ein gut geführter und eingerichteter Campingplatz nur wenige Minuten von Dunte entfernt - also auch in Fahrradentfernung.

SKULTE - LAUČU AKMENS

Stellplatzart: .... Campingplatz/Restaurant
GPS: N57 22 00.1 E24 24 12.4
Adresse: .... Skulte, Lauči
Tel.: .... +371 2635 0536
mailto: .... lauci@latnet.lv
Homepage: .... www.laucakmens.lv
Zufahrtinfo: 3,5 km von der südlichen Zufahrt zum Münchhausen-Museum ist die Zufahrt zum Campingplatz rechts ab ausgeschildert.
Kurzbeschreibung: Am Strand gelegener, gut ausgestatteter Campingplatz, Stellplätze für Caravans/Wohnmobile mit Stromanschluss vor der Rezeption rechts, Picknickbänke/Grillstellen, moderne Sanitärausstattung, gepflegtes Restaurant, eigener Badestrand (Sand) - dort finden Sie einen der größten Findlinge in Lettland, der 1853 vom Packeis aus dem Meer gehoben und am Badestrand hier „abgelegt" wurde. Preis 2014: Wohnmobil inkl. 2 Pers./Strom € 18,00 (Stellplatz/Restaurant siehe Fotos).

Eine weitere Gelegenheit für einen Zwischenhalt bietet sich in **Saulkrasti**, einem Ort vor den Toren der Hauptstadt, den ich nicht des touristischen Angebots wegen aufgesucht hatte, sondern vom Hunger getrieben. Ich bin schon etwas früher schräg rechts auf die P53 abgebogen und fahre von Norden über **Zvejniekciems** durch die Ainažu iela dem Zentrum entgegen, biege in die Raiņa iela ab und gelange so zu einem zwar nicht unbedingt stilles Strandrestaurant. Doch kann man auf Anfrage dort auch übernachten (GPS N57 15 43.0 E24 24 34.1). Für ein ruhiges Plätzchen ist es hier einfach schon zu dicht an der Hauptstadt, denn der herrliche Sandstrand wird an schönen Sommertagen von den Hauptstädtern schier überrollt.

Von Saulkrasti sind es um die 30 km nach **Rīga**. Dass Sie die Fahrt in die Stadt ohne Stau schaffen, wage ich zu bezweifeln. Zu lebhaft ist die Metropole Lettlands. Ich weiß nicht, wie viel Zeit Sie der Stadt widmen, was Sie besonders interessiert oder ob Sie den Besuch eher kurz halten, um die Natur des Landes zu erleben.

Bevor Sie sich ins Hauptstadtgetümmel stürzen, können Sie das Lettische **Ethnografische Freilichtmuseum** besuchen. Sie erreichen es, indem Sie von der A1 in die A2 einbiegen und Richtung Stadt weiterfahren. Sie müssen zunächst ein kleines Stück am Ziel vorbeischießen, um nach Überquerung der Jugla der Ausschilderung folgend auf die Fahrbahn aus der Stadt heraus zu gelangen. Auf dem Parkplatz des Museums können Sie nach dem Museumsbesuch im Wohnmobil nächtigen (zusätzliche Parkgebühr). Damit sind wir auch gleich beim Thema der Stellplatzsituation in Rīga, die einer Stadt dieser Größe und Bedeutung nicht angemessen erscheint, vor allem außerhalb der Öffnungszeiten der „offiziellen" Campingplätze. Denn diese sind nur während der Hauptsaison geöffnet.

STELLPLATZSITUATION FÜR WOHNMOBILE IN RĪGA, SICHERHEITSHINWEIS UND ÖFFENTLICHE NAHVERKEHRSMITTEL

Die vorgeschlagenen Plätze sollten Sie ansteuern, ohne Ihr Fahrzeug unbeobachtet in der Stadt zu parken. Nicht umsonst haben Freunde berichtet, dass die Polizei sie dringend vor der freien Übernachtung auf unbewachten Plätzen gewarnt und auf die aktiven Langfinger hingewiesen hatte. Hintergrund: Ihnen wurden im Zentrum die Fahrräder entwendet...

Die beschriebenen Stellplätze sind von einem Sicherheitsdienst und mit Videoanlagen überwacht. Auch das ist keine perfekte Sicherheit, die es ohnehin nie geben wird. Doch es ist besser, ein paar Euro zu investieren und sich dann mit einem guten Gefühl der Stadt zu widmen.

Sie gelangen auch mit öffentlichen Verkehrsmitteln vom Freilichtmuseum in die Stadt und umgekehrt: Die Buslinien Nr. 1, 821, 826, 19 und 28 verkehren zur Haltestelle "Brīvdabas muzejs" und die Straßenbahn Nr. 6 - Endstation Jugla - See - von hier ins Zentrum der Hauptstadt und retour.

RĪGA - LETTISCHES ETHNOGRAFISCHES FREILICHTMUSEUM

Stellplatzart: .... Parkplatz
GPS: N56 59 41.5 E24 16 12.2
Adresse: .... Rīga, Brīvdabas iela
Tel.: .... Tel.+371 67994106
mailto: .... info@brivdabas-muzejs.lv
Homepage: .... www.brivdabas-muzejs.lv
Zufahrtinfo: Auf der A2 Richtung Sigulda aus der Stadt fahren bis das Museum rechts ab ausgeschildert ist.
Kurzbeschreibung: Asphaltierter Parkplatz, bewacht/Parkgebühr. Auf Anfrage auch über Nacht nutzbar für Museumsgäste (€ 10,00/N).

RĪGA - CITY CAMPING

Stellplatzart: .... Campingplatz (Wohnmobil-Stellplatz)
GPS: N56 57 21.2 E24 04 40.7
Adresse: .... Rīga, Kīpsalas 8
Tel.: .... +371 67067519
mailto: .... camping@bt1.lv
Homepage: .... www.rigacamping.lv
Zufahrtinfo: Von der A10 Richtung Zentrum halten (Centrs) und kurz vor der großen Hängebrücke über die Daugava die Rampe rechts abfahren (am Fuß des verglasten Hochhauses). Dann die Fahrbahn unterqueren und wieder links. Dann gleich rechts abbiegen in die Kipsalas iela. Dann nach 800 m links ab hinter die Messehalle, wo sich die Rezeption befindet.
Kurzbeschreibung: Stellplätze mit Stromanschluss. Gepflegte Sanitärausstattung, Ver-/Entsorgung. Infobüro, wo man Auskunft für den Besuch der Stadt erhält. Preis/Tag (2014): € 10,00/Wohnmobil, € 3,00/Pers. € 3,00 Strom. Waschmaschine/Trockner u. WiFi Extragebühr. Organisation von Stadtrundfahrten, Fahrradverleih. **Öffnungszeiten**: 15.5.-15.9.

RĪGA - RIVERSIDE CAMPING

Stellplatzart: .... Campingplatz (Wohnmobil-Stellplatz)
GPS: N56 57 55.2 E24 04 52.6
Adresse: .... Matrožu iela 1a
Tel.: .... +371 67613447
mailto: .... info@riversidecamping.lv
Homepage: .... www.riversidecampingl.v
Zufahrtinfo: Wie City Camping, dann der Straße ca. 1 km folgen (Zveinieku iela-Matrožu iela - ausgeschildert) bis fast an die Spitze der Halbinsel.
Kurzbeschreibung: Der asphaltierte Platz liegt eingezäunt am Rand eines Gewerbegebiets, bietet aber einen schönen Blick über die Daugava auf die Altstadt. Preis (2014): 7,00 / Wohnmobil zzgl. € 2,00/Pers., € 3,00/ Strom inkl. Ver-/Entsorgung. **Öffnungszeiten** Mai-Mitte September.
Hinweis: Vor dem Campingareal liegt ein gebührenpflichtiger Parkplatz (Tagesparkschein € 1,00)

DAS LETTISCHE ETHNOGRAFISCHE FREILICHTMUSEUM

Auf dem 80 ha großen Freigelände am Juglas ezers wurden 118 historische Gebäude aus ganz Lettland zusammengetragen. Sie stammen aus der Zeit vom 17. Jahrhundert bis in die 30er Jahre des 20. Jahrhunderts. Damit ist das 1924 gegründete Museum eines der größten und ältesten Freilichtmuseen dieser Art in Europa. Das Museum ist nach den lettischen Regionen Semgallen, Kurzeme und Lettgallen sowie Livland aufgegliedert. Mit den Häusern, Mühlen, Ställen und Nebengebäuden wird ein guter Eindruck vom Landleben der Menschen früherer Jahrhunderte vermittelt. Folkloristische Darbietungen, die Vorführung historischer Handwerke, nicht zuletzt auch die historische Taverne mit guter lettischer Küche (übrigens preiswert!) machen einen Museumstag hier lohnenswert. Impressionen aus dem Museum nächste Bilderseite.

Öffnungszeiten/Info: Gebäude sind täglich offen 10^{00}-17^{00}, im Sommer das Freigelände bis 20^{00} h. Eintritt (2014): € 4,27/Erw., Familien € 8,54, Pensionäre € 2,84, Abendticket (17^{00}-20^{00} h) € 1,42. Tel. +371 67994106, info@brivdabas-muzejs.lv, www.brivdabas-muzejs.lv.

ROUTE 4

Details der großen Windmühle

In der Kirche des Museums

Brot backen in der Taverne

Sehenswertes in Rīga

Rīga ist nicht nur die Hauptstadt Lettlands, sondern auch des Jugendstils. Beachtlich ist, mit wie viel Liebe zum Detail der Aufbau nach den Zerstörungen des 2. Weltkrieges gelang.

Vom Campingplatz wähle ich den Fußweg über die Hängebrücke über die Daugava in die Altstadt (ca. 30 Minuten Gehzeit). Zwar spaziert man parallel zum Großstadtverkehr über die Brücke, hat aber den tollen Blick auf die Silhouette der Stadt. **Tipp:** Gehen Sie durch die Unterführung auf der Seite des Bankhochhauses und genießen von deren Vorplatz die Sicht auf die Stadt - eines der beliebtesten Fotomotive (Bild unten).

Beim Schloss erreichen Sie die Altstadt und gelangen rechts ab am Ufer der Daugava entlang zum Rathausplatz mit der Tourist-Information. Nebenan können Sie das Schwarzhäupterhaus bewundern, eines der berühmtesten Gebäude der Stadt. Besorgen Sie sich im Informationsbüro einen Stadtplan mit Vorschlägen für Ihren Stadtrundgang. Wenn Sie es einer klassischen Stadtführung vorziehen, können Sie dort auch einen Audio-Stadtführer leihen. Die Stadtführungen und Sightseeing-Touren per Bus starten ebenfalls dort am Rathausplatz.

i DIE RĪGA CARD

Die lettische Hauptstadt bietet ihren Gästen diese Karte an, die Tür und Tor zu vielen Sehenswürdigkeiten öffnet und die kostenfreie Nutzung von Bussen und Bahnen ermöglicht. Die Laufzeit beträgt 24/48/72 Std. Die Karte erhalten Sie in den Tourist Informationen in Rīga. Weitere Einzelheiten unter www.rigacard.lv oder www.liveriga.com.

ROUTE 4

Neben dem Schwarzhäupterhaus werden Sie den auffälligen, dunklen „Klotz" des **Okkupations-Museums** entdecken. Einen Besuch sollten Sie einplanen (kostenloser Eintritt, offen Mai-Sept Di-So. 11⁰⁰-18⁰⁰ Uhr, Okt-April 11⁰⁰-17⁰⁰ Uhr, Tel. +371 67212715, omf@latnet.lv, www.okupacijasmuzejs.lv). Dieses Museum soll Zeugnis darüber ablegen, was während der 51 Jahre dauernden, zunächst sowjetischen, dann deutschen und nach dem Krieg wieder sowjetischen Besatzung mit Lettland und seiner Bevölkerung geschah. Die Nachwelt soll erfahren, welche Verbrechen an den Bürgern verübt wurden und der Opfer gedenken, die unter der Gewaltherrschaft zu leiden hatten, ihre Heimat oder ihr Leben verloren. Das Museum ist auf Spenden angewiesen, weshalb um eine freiwillige Gabe in die Spendenbox gebeten wird.

Gegenüber dem Schwarzhäupterhaus, das im Krieg zerstört und in den 1980er Jahren originalgetreu aufgebaut wurde, erhebt sich die Fassade des Rathauses mit einer gelungenen Kombination aus alter Bausubstanz und moderner Architektur.

Von den Plätzen der Stadt hat es mir der Livenplatz besonders angetan. Nach wie vor plane ich dort gerne etwas Zeit ein, um die besondere Atmosphäre des Platzes, vielleicht ein gutes Essen zu genießen. Nur hat sich - leider - in den letzten Jahren einiges getan, was die Speisekarten anbetrifft: Die früher lettisch geprägte Küche ist hier arg internationalisiert und kommerzialisiert worden - sprich: Pommes, Steaks, Pizza & Co haben weitgehend die einheimische Küche verdrängt. Doch fragen Sie nach - es gibt sie schon noch, die wenigstens annähernd lettischen Gerichte. Zudem habe ich später noch den einen oder anderen Einkehrtipp auf für Sie.

Eingerahmt ist der Livenplatz von schmucken Fassaden, darunter die St. Johannis- oder Kleine Gilde sowie die St. Marien- oder Große Gilde. Schauen Sie an den Fassaden empor und entdecken die kunstvollen Jugendstilelemente. Den beiden Gildehäusern gegenüber findet sich das sogenannte Elektrizistische Gebäude. Am besten gefällt Leseratten natürlich der lesende Junge auf der Dachgaupe. Natürlich ist auch das sogenannte Katzenhaus (Bj. 1909) erwähnenswert - trägt es doch immerhin das Wahrzeichen der Stadt - die Katze mit dem schönen Katzenbuckel.

Über den schönen Livenplatz (Līvu laukums) gelangt man weiter zur Freiheitsstatue auf der östlichen Seite der Altstadt. Die drei goldenen Sterne, getragen von einem stolzen lettischen Mädchen, verkörpern die Einheit der drei Provinzen Kurzeme, Latgale und Zemgale. Es erfüllt die Letten mit Stolz, dass sie die Zerstörung

Rīgas Dom und die Daugava von St. Petri aus bei Gewitterstimmung

Am Livenplatz (Līvu laukums)

Lesen bildet...

ROUTE 4

Freiheitsstatue am Brīvibas bulvāris

Schwarzhäupterhaus u. Petrikirche

Aussicht von "Stalins Hochzeitstorte"

Die "Drei Brüder" vor dem Dom

Christi Geburt Kirche

In der Markthalle

Abendlicher Blick über die Daugava auf die Hängebrücke und die Altstadt

der Statue durch das Sowjetregime verhindern konnten. Deshalb ist sie ein äußeres Zeichen des ungebrochenen Freiheitswillens der Letten. Sie wird von einer Ehrengarde bewacht.

Links und rechts lädt der Stadtpark Esplanade zum geruhsamen Spaziergang ein. Wenn Sie von dort weiter geradeaus in den Brīvibas bulvāris weitergehen (das ist zugleich die verkehrsreiche Ausfallstraße nach Osten), entdecken Sie links die eindrucksvolle Christi Geburt Kathedrale mit ihrer prächtigen Fassade. Es ist das größte orthodoxe Gotteshaus in Rīga. Zur Sowjetzeit wurde es als Planetarium und Restaurant genutzt, nach der Wende aber wieder ihrem ursprünglichen Zweck gemäß zurückgebaut. Heute erstrahlt Sie wortwörtlich im alten Glanz.

Gut 10 Minuten Fußweg erfordert ein Besuch bei der ehemaligen KGB-Zentrale (Brīvibas iela 55). Auf dem Weg liegt links die sehenswerte St. Gertrudenkirche. Das frühere KGB-Gefängnis kurz danach auf der linken Seite war während meiner Recherche anlässlich der „Kulturhauptstadt Europas 2014" der Öffentlichkeit zugänglich. Eine Führung durch das prachtvolle Jugendstilgebäude lohnt sich. Nie käme man von außen auf die Idee, welchem Zweck das Gebäude bis 1991 diente. Hier gewinnt man einen bedrückenden Eindruck, auf welch grauenhafte Weise das Schicksal vieler Menschen durch Folter und Verschleppung nach Sibirien besiegelt wurde. Sehr viele von ihnen kehrten nie zurück und ließen in den Arbeitslagern ihr Leben, oft schon auf dem Weg dorthin. Unklar ist bis Redaktionsschluss zu diesem Buch, ob die Einrichtung auch künftig der Öffentlichkeit zugänglich bleiben kann. Zu schlecht ist der bauliche Zustand. Doch bleibt zu hoffen, dass es Mittel und Wege geben wird, diesen Ort des Grauens der Nachwelt zu erhalten, gleichsam als Mahnmal gegen das Vergessen.

Doch zurück in die Stadt. Wenn Sie vor der Christi-Geburt-Kirche rechts ab gehen, gelangen Sie zum Lettischen Nationalen Kunstmuseum. Von dort folgen Sie weiter der K. Valdemara iela, können in den Kronvalda Stadtpark abbiegen oder etwas später links in den Z. A. Meierovica bulvāris gehen. Dort erhebt sich der eindrucksvolle Pulverturm, eines der letzten Zeugnisse der einst mächtigen Stadtbefestigung. An dessen Fuß lege ich Ihnen einen Besuch in der Taverna ans Herz, sofern Sie in authentischem Ambiente der lettischen Küche zusprechen möchten. Entweder sitzen Sie auf der Freiterrasse mit Blick auf den Pulverturm oder begeben sich hinab in den Gewölbekeller. Auf alle Fälle sollten Sie die deftigen, guten Gerichte probieren.

Der große Domplatz wird von dort über die Smilšu iela erreicht. Er wurde in heutiger Form Ende des 19. Jh. geschaffen, indem die mittelalterliche Bebauung abgerissen wurde. Der St. Marien Dom ist heute evangelisch-lutherische Bischofskirche. Sehenswert ist der Kreuzgang mit der Statue des Bischofs Albert, einer Kopie des im 1. Weltkrieg zerstörten Originals, sowie die prächtige Orgel mit 124 Registern und 6718 Pfeifen - seinerzeit das größte und modernste Musikinstrument weltweit. Vor dem Dom können sie die Statue für Johann Gottfried Herder bewundern.

Etwas weiter rechts spazieren Sie in die Jekaba iela. Im Schatten der St. Jakobikirche, befindet sich ein Ensemble der vielleicht schönsten mittelalterlichen Fassaden, die sogenannten „Drei Brüder" aus dem 16. Jh. Die Kirche in der Klostera iela ist die heutige erzbischöfliche Kirche des Bistums Rīga der katholischen Kirche. Sie blickt auf eine interessante Geschichte zurück, war sie doch zunächst die erste protestantische Kirche, dann eine Simultankirche für beide Konfessionen und ist jetzt katholisch.

Vorbei am Schloss, das schon eingangs von der Brücke aus die Blicke auf sich gezogen hatte (es beherbergt heute das lettische Parlament) suche ich durch die prächtigen Gassen hindurch einen schönen Weg zum Rathausplatz zurück.

Sie könnten nun über die Vansu Tilts den Rückweg zum Campingplatz antreten. Aber ich habe noch zwei Höhepunkte im wörtlichen Sinne auf Lager.

Ein Höhepunkt ist sicherlich die Besteigung des Turmes der im 2. Weltkrieg fast vollständig zerstörten Petrikirche. Investieren Sie den Preis für die Fahrt im Aufzug - es lohnt sich. Bei einer früheren Reise glaubte ich schon, ein alpenländischer Wettersturz habe mich ereilt, während ich über die Dächer der Stadt blickte (siehe Bilderseite).

Unweit der Petrikirche wird Ihnen vielleicht eine Skulptur mit alten Bekannten aus Kinderjahren begegnen. Wundern Sie sich nicht, wenn Sie über die Bremer Stadtmusikanten stolpern. Die Bronzefiguren wurde von der Hansestadt Bremen ihrer lettischen Partnerstadt gestiftet.

Wenn Sie noch etwas Zeit haben, sollten Sie einen Blick in die Markthallen werfen. Sie dienten ursprünglich als Montagehallen für Zeppelin Luftschiffe. Heute spielt sich ein wesentlicher Teil des Einkaufserlebnisses von Rīga hier ab. Kaufen Sie nach Herzenslust Obst und Gemüse, Fleisch und was das Herz begehrt. Oder genießen Sie einfach das Ambiente dieser traditionellen Einkaufsmeile. Wenn Sie schon hier sind, gehen Sie noch ein Stück und besuchen „Stalins Geburtstagstorte", jenen Prachtbau, den Stalin errichten ließ (heute Lettische Akademie der Wissenschaften). Das Gebäude ließ der Diktator übrigens fast baugleich auch in anderen Metropolen des Ostblocks erbauen. Nur - das größte Gebäude dieser Art musste natürlich in Moskau stehen. Ob man die Architektur nun bewundert oder den Kopf schüttelt, welche Pracht die Diktatoren der Arbeiter- und und Bauernklasse sich und ihren Funktionären gönnten, muss man selbst entscheiden. Jedenfalls kann man auch hier über Treppen und Zuhilfenahme des Aufzugs empor gelangen und von der Aussichtsplattform einen grandiosen Blick über Rīga genießen (Eintritt).

Weitere gastronomische Tipps sind die Restaurants der Kette „Lido", die sich in der Stadt verteilen. Vier davon finden sich in der Neustadt, das Restaurant Alus seta bei der Kathedrale. Hier wird heimische Kost in unterschiedlichem Ambiente serviert - vom SB-Restaurant über Bistros bis zur gemütlichen, guten Gastronomie oder im Freizeitpark gleiche Namens etwas südlich der Hauptstadt, den ich aber nicht besichtigte.

Autofreunde interessiert sicher noch das Lettische Fahrzeugmuseum (S. Eizensteina iela 6). Ich besuchte die Außenstelle in Bauska, da die Einrichtung in Rīga 2014 renoviert wurde. Doch ab 2015 sollten Sie auch in Rīga wieder den Wissensdurst über die lettische Automobilgeschichte stillen und sich überzeugen können, dass hohe politische Ämter nicht zwangsläufig von fehlerfreien Autofahrern bekleidet werden. (Bild Torsten Schabe). Die Aufnahme zeigt, dass nicht jeder seinen Wagen gleich gut chauffiert. **Öffnungszeiten/Info**: Mo-Fr 9[00]-17[00] h, Kassenschluss 16[30] Uhr, Tel. +371) 67025888, info@motormuzejs.lv, www.motormuzejs.lv, Erreichbarkeit mit Buslinie 23 Richtung Baloži bis zur Haltestelle Rāmava oder Buslinie 26 Richtung Katlakalns bis zur Haltestelle Rāmava.

ROUTE 4

Nach Jūrmala

Den „Badestrand von Rīga" habe ich mit der Hauptstadt als letzte Station der Reise durch Lettland zusammengefasst. Gleich zur „Vorwarnung" - wer ruhige, naturnahe Plätze bevorzugt, sollte nicht unbedingt hier danach suchen. Besonders an Wochenenden und während der Sommerferien liegt es auf der Hand, dass die Einwohner der Millionenstadt die Traumstrände aufsuchen.

Nicht umsonst wird eine City-Maut (€ 2,00) kassiert. Ich möchte aber kein falsches Bild malen. Auch hier können Sie den Platz Ihrer Wahl suchen und ruhige Plätze finden. Schließlich gehört auch Ķemeri zu dem Badeort. Nur müssen Sie selbst entscheiden, welche Stellplatzart Ihnen liegt. Deshalb habe ich unterschiedliche Stellplatztipps, zu denen schon diejenigen in Ķemeri (Route 1) zu zählen sind. Es ist auch festzuhalten, dass die Stellplätze in Jūrmala für den Besuch in Rīga dienen könnten. Den Grund hatte ich eingangs im Zusammenhang mit der Stellplatzsituation der Hauptstadt geschildert: Von Jūrmala aus können Sie bequem mit der Bahn in die Hauptstadt fahren.

JŪRMALA - NEMO

Stellplatzart: .... Campingplatz
GPS: N56 57 33.5 E23 38 41.9
Adresse: .... Jūrmala, Atbalss iela 1
Tel.: .... +371 26100500
mailto: .... nemo@campingnemo.lv
Homepage: .... www.campingnemo.lv
Zufahrtinfo: Auf der P128, die nun Talsu Soseja heißt, in die Stadt fahren, bis das auffällige, blau-gelbe Rohr, das ein Tor bildet, die Einfahrt zum Campingplatz markiert.
Kurzbeschreibung: Gut ausgestatteter, im Sommer stark frequentierter Platz am Traumbadestrand. Gute Sanitärausstattung, Waschmaschine/Trockner, Ver-/Entsorgung, Stromanschlüsse, WiFi. Mit € 28,00 inkl. 2 Pers. (Hauptsaison) vergleichsweise teuer. Doch bedenken Sie die Hauptstadtnähe. **Öffnungszeiten**: Mai-September. **Bild**: Beim Morgenspaziergang am Strand von Jūrmala. So ruhig ist es sicher nicht immer.

ROUTE 4

JŪRMALA - JŪRMALA KEMPINGS

Stellplatzart: ....Campingplatz
GPS: N56 58 02.0 E23 45 48.8
Adresse: ....Jūrmala, Dubultu prospekts 51
Tel.: ....+371 26400500
mailto: ....info@campingjurmala.lv
Homepage: ....www.campingjurmala.lv
Zufahrtinfo: Auf der A10 südlich der Lielupe bleiben, dann links in die Stadt und auf dem Asaru Prospekts zum Ziel fahren (Einbahnverkehr).
Kurzbeschreibung: In der Nähe des Sanatoriums Rīgas Līcis, 10 Min. Fußweg zur zentralen Jomas iela und zum Strand. Du/WC, Stromanschluss, Picknickplätze, Spielplatz, Volleyball und andere Aktivitäten. Kurzer Fußweg zur Bahnstation (Anschluss nach Rīga). Preistableau wie Nemo Camping. WiFi. **Öffnungszeiten**: Mai-September.

LIELUPE - RAGAKĀPAS DABAS PARKS

Stellplatzart: ....Parkplatz/Restaurant
GPS: N56 59 52.0 E23 54 02.0
Adresse: ....Lielupe, 36. līnija
Tel.: ....+371 22 010 696
mailto: ....banketi@lauris-restaurant.lv
Homepage: ....www.lauris-restaurant.lv
Zufahrtinfo: Folgen Sie der Durchgangsstraße durch Jūrmala in östlicher Richtung, bis diese die Bahn kreuzt und nach Süden abknickt. Dann links in die Viestura iela, die in die Paula Stradina iela übergeht und zum Bulduru Prospekts führt. Auf diesen rechts ab und bis zum Ende durchfahren. Die Querstraßen zwischen imposanten Villen moderner und historischer Bauart sind nummeriert. Die 36. iela führt in einer Linkskurve zum Ziel (Parkplatz siehe Bild).

Kurzbeschreibung: Parkplatz hinter bewaldeten Dünen am Strand, WC, Mülltonne. Parkgebühr, allerdings nicht für Besucher des „Strandrestaurant 36. līnija" mit gepflegter Küche. Von der Terrasse schauen Sie direkt auf den endlosen Sandstrand. Hundeverbot am Strand. Wenn Sie über Nacht dort parken möchten, bitte beim Personal anfragen.

Wandern im Ragakāpas Naturpark

Am Parkplatz startet ein 2 km langer Wanderpfad in die bewaldeten Dünen des Naturparks. Teils geht man auf Holzbohlen dahin, teils auf weichem Sandboden. Die Dünen sind zwischen 3 und 17 m hoch. unterwegs gibt es Informationstafeln über die Pflanzenwelt des Küstenstreifens. Der Weg führt bis zum Dorf Bulluciems und auf gleicher Route wieder retour (etwa 1 Std./4 km).

Sehenswertes in Jūrmala

Jūrmala liegt an der Bucht von Rīga und erstreckt sich auf einer Länge von 26 km entlang des Sandstrandes - beste Voraussetzung, um zum größten Kurort des Baltikums zu werden. Es war schon zur Zarenzeit schick, in Jūrmala Urlaub zu machen. Nach dem Zusammenschluss von zwölf Dörfern entwickelte sich Jūrmala zum Kur- und Badeort. Von der Villa in Holzbauweise mit Butzenfenstern aus dem 19. Jh. bis zur hypermodernen Betonarchitektur findet man alles, was schick und komfortabel ist. So gaben und geben sich die Schönen und Reichen die Klinke in die Hand.

Das älteste Holzhaus und ein prächtiger Konzertsaal finden sich in Dzintari (Nähe Jūrmala Camping). Der lebhafte touristische Puls schlägt in der Jomas iela mit Restaurants, Musikkneipen und Unterhaltungsmöglichkeiten aller Art. Die Fußgängerzone von Majori nach Dzintari ist voller Restaurants und Kneipen. Es ist die älteste Promenadenstraße, wo sich die Erholungssuchenden in den Sommercafés aufhalten und sich auf einen Spaziergang begeben, um nach dem Aufenthalt am Strand ein gutes Abendessen zu genießen. Die Gaststätten haben ein vielseitiges Angebot aus der lettischen, russischen, ukrainischen und asiatischen Küche.

Auch mit dem Wohnmobil finden Sie Platz, um all dies zu genießen. Nur sollten Sie in der Hauptsaison besser reservieren, wenn Sie einen der genannten Plätze ansteuern möchten. Zur Auswahl zählt ergänzend noch der **Campingplatz Elingi** südlich der Lielupe, auf den ich bereits in Route 1 eingegangen war.

Auf welcher Route Sie nun Ihre Reise durch Lettland beenden, weiß ich nicht. Jūrmala ist aber verkehrstechnisch hervorragend gelegen, egal ob Sie Richtung Estland, Ventspils oder Liepāja möchten. Gleich, welches Ziel - ich wünsche Ihnen gute Fahrt!

Nützliche Infos von A-Z

Lesen Sie die Infos von A-Z und die Einleitung zum Buch bitte aufmerksam. Beherzigen Sie diese im Sinne Ihrer Urlaubsregion, deren Einwohner - und im eigenen Interesse. Schließlich möchten Sie einmal wiederkommen und Lettland erneut in all seiner Schönheit und Natürlichkeit erleben.

Abwasserentsorgung

In Lettland ist - wie in den anderen baltischen Ländern - die Ausstattung mit Ver- und Entsorgungseinrichtungen für Wohnmobile zuletzt wesentlich verbessert worden. Was es allerdings nicht gibt, sind Wohnmobil-Stellplätze mit entsprechenden Vorrichtungen, wie wir sie in Mitteleuropa kennen. Die Entsorgung Ihres Grau- und WC-Abwassers ist deshalb nach meiner Erfahrung fast ausschließlich auf Campingplätzen möglich, die in den vier Routen ausführlich beschrieben werden.

Keinesfalls sollten Sie den Wohnmobil-Tourismus in Verruf bringen, weil das Spülwasser über die Parkfläche läuft und dem Nachbarn Zeugnis hinterlässt, was noch kurz zuvor an Resten auf Tellern und in Töpfen blieb. Ein dauerhaft offener Absperrhahn des Grauwassertanks oder ein „Eimer ohne Boden“ sind **tabu**! Es wäre unverschämt, das Abwasser einfach so auf den Asphalt und damit den Nachbarn vor die Füße plätschern zu lassen.

Wenn es dennoch einmal gar nicht vermeidbar ist, sollten Sie das Wasser „diskret“ auf Brachland oder auf Naturboden ablassen, nach Möglichkeit in ein Loch, das Sie zuvor ausgehoben haben. Den Rest regelt Mutter Natur mit ihren Bodenbakterien - **wenn Sie keine (ohnehin weitgehend unnütze) Chemie in den Abwassertank gegeben haben**.

Grundsätzlich sollten Sie einen fest installierten, ausreichend großen Abwassertank im oder am Fahrzeug haben. Die Ablaufleitung rangiert man über den Gully der Entsorgungsstelle. Da diese jedoch häufig nicht über einen Gully verfügen, sollten Sie einen Schlauch (wenigstens 1-2 m Länge) an Bord haben, den Sie an den Ablaufhahn des Abwassertanks anschließen können, um das Abwasser in den Ausguss abzulassen.

Oder Sie behelfen sich mit einem zum Abwasserkanister umfunktionierten Faltkanister oder einem Eimer (mit Boden!), der ans Abflussrohr angehängt und bei Bedarf zur Abwasserstation gebracht wird. Haben Sie eine herausnehmbare Abwasserkassette auch fürs „Grauwasser“, haben Sie da kein Problem.

Die Toilettenentleerung ist kritischer als das 'Grauwasser', das im Normalfall weder hygienisch noch chemisch bedenklich ist. Viele von uns sind es gewohnt, der Kassette Chemikalien beizugeben, die unangenehme Gerüche vermeiden. Das erledigt die Chemie auch mehr oder weniger erfolgreich, indem sie alle Bakterien abtötet, die für den natürlichen Zersetzungsprozess nötig sind. Und wo es keinen Zersetzungsprozess gibt, gibt es auch die daraus resultierenden Gerüche nicht. Der Zusatz an Duftstoffen tut ein Übriges. So weit, so gut!

Doch es gibt dicke **Nachteile:** Auch in der Kläranlage und im Boden, wo die Bakterien gebraucht werden, leisten die Chemikalien ganze Arbeit. Wie also umweltgerecht entsorgen? Sie werden für die Entleerung Ihrer Toilette auf Campingplätze zurückgreifen müssen, wo Sie mittlerweile flächendeckend Entsorgungsstationen finden. In absoluten Notfällen wäre es noch denkbar, den Klappspaten zu zücken und ein wenigstens 50 cm tiefes Loch graben, in das Sie den Toiletteninhalt kippen. Oder Sie nutzen fürs Entleeren der WC-Kassette eine Trockentoilette. Dort nämlich geschieht nichts anderes, als dass alles in einem tiefen Loch landet, das von Zeit zu Zeit entleert wird bzw. dessen Inhalt sich auf natürliche Weise zersetzt.

DOCH DABEI IST EIN WICHTIGER EINWAND ZU BEACHTEN: Keinesfalls darf eine Campingtoilette, die mit WC-Chemikalien versehen ist, auf diese Weise entleert werden. Denn die Zusätze würden die fleißigen Bodentierchen töten und die natürliche Zersetzung verhindern, womit die Trockentoilette unbrauchbar wird. Im Erdboden tötet die Chemie auch wichtige Kleinlebewesen ab. Das ist zu vermeiden!

Eine Rücksichtslosigkeit wäre es auch, den Inhalt oberflächlich zu entleeren, womöglich neben dem Parkplatz. Tabu ist auch die Entsorgung in ein Gewässer! Selbst das Entleeren in einen Gully am Straßenrand müssen Sie sich zwei Mal überlegen. Viele Kanalrohre landen nämlich auf dem direkten Weg im nächsten Bach, weshalb der Inhalt Ihrer Kassette Ihnen beim Baden am nächsten Tag nochmals begegnen könnte...

Praxistipp: Eine gute Wahl ist es deshalb, sich vor dem Urlaub eine „**Absauganlage**" einzubauen. Es handelt sich um ein kleines Gebläse, das die Zersetzungsgase aus Ihrer WC-Kassette beim Öffnen der WC-Klappe nach draußen befördert. Ihr Campinghändler hat solche Geräte vorrätig und kann sie mit wenig Aufwand einbauen. Die Investition lohnt sich angesichts des gesparten Geldes für die WC-Chemikalien schnell! Und die Umwelt dankt es Ihnen

Normalerweise sollten Sie damit komplett ohne Chemie hinkommen. Oft tut es auch etwas Schmierseife oder ein Löffel Essigessenz. Ganz wichtig ist vor allem das regelmäßige, möglichst tägliche Entleeren der Kassette. Warten Sie nie, bis die Füllstandanzeige „rot" zeigt.

Anreise

Am wichtigsten erscheint es, rechtzeitig über die beste Anreiseroute nachzudenken. Fällt die Wahl auf eine Fährverbindung, ist frühzeitiges Buchen angesagt, seit insbesondere Polen eine LKW-Maut eingeführt hat und die Fährpassagen hierdurch attraktiver geworden sind. Die Fährtermine um die Wochenmitte sind hierbei weniger ausgebucht, als um die Wochenenden.

Bitte beachten Sie auch: Polen ist ein sehr schönes Reiseland. Davon habe ich mich bei mehreren Reisen in die baltischen Ländern selbst überzeugen können. Doch es ist auch ein großes Land, das lange Reisezeiten erfordert. Die Verkehrsdichte, leider auch die aggressive Fahrweise vieler rücksichtsloser Auto- und LKW-Fahrer auf den Hauptverkehrsachsen, empfand ich gerade dort recht unangenehm. Deshalb sollten Sie, wenn Sie etwas mehr Zeit haben, abseits der Hauptstrecken durch Polen reisen.

Eine sehr entspannte, angenehme Alternative ist die Nutzung einer der Fährverbindungen. Von Deutschland aus können Sie (Stand 2014) die Dienste der **DFDS Seaways** (Kiel-Klaipėda), aber auch **Stena-Line** (Travemünde-Liepāja/Ventspils an Lettlands Westküste nutzen).

Oft traf ich auch Wohnmobilisten an, die eine Reise durch die baltischen Länder auf der Durchreise nach Skandinavien oder um die Ostsee machten. In diesem Fall gehören auch die Verbindungen ab Tallinn-Helsinki oder Stockholm dazu (verschiedene Gesellschaften).

Nicht zuletzt ist auch die Variante Flug/Miete eines Wohnmobils zu prüfen, wozu nicht zuletzt ein Werbepartner zu diesem Buch ein Angebot

INFOS A–Z

unterbreitet. Wenn Sie gerne ein Angebot dafür erhalten, lassen Sie es uns wissen (e-Mail oder Kontaktformular unter www.mobil-und-aktiv-erleben.de/kontakt/).

Auto fahren in Lettland/Verkehr

Allgemeines
Die Straßen sind hinsichtlich Kapazität und Straßenbelag nicht immer mit den Verkehrswegen in der Heimat vergleichbar. Die Fernstraßen sind durchweg asphaltiert, teils in Ballungsräumen auch vierspurig ausgebaut. Doch finden Sie auch unbefestigte, enge Nebenstrecken mit Schotterbelag.

Lettland ist, was den Straßenzustand betrifft, nach meiner Erfahrung zurzeit (noch?) Schlusslicht unter den baltischen Staaten. Das Straßennetz, vor allem Nebenstrecken, aber zunehmend auch die stark vom Schwerverkehr genutzten Hauptstrecken, sind überdies häufig in einem - vorsichtig ausgedrückt - abgenutzten Zustand. Das bringt Schlaglöcher, Bodensetzungen mit einsprechenden Bodenwellen, teils extreme Spurrillen und durchgebrochene Betonplatten mit sich. Schotterpisten sind noch wesentlich häufiger zu finden, als in Litauen und Estland.

Auf Nebenstrecken ist die Verkehrsdichte jedoch auch wesentlich geringer, als wir es aus Mitteleuropa kennen. Angenehm ist es, dass der Schilderwald in Lettland dünner ist. Die Verkehrszeichen entsprechen der gewohnten europäischen Norm, wobei ein paar (selbsterklärende) Besonderheiten zu entdecken sind, beispielsweise beim Belagwechsel.

Abblendlicht
Generell ist ganzjährig während der Fahrt das Abblendlicht einzuschalten.

Alkohol im Straßenverkehr
Dies bedeutet eigentlich keiner weiteren Erläuterung! Es ist immer besser, ohne Alkohol zu fahren. In Lettland gilt die 0,5 Promillegrenze. Fahren unter Alkoholeinfluss wird strafrechtlich sehr streng mit hohen Strafen bis zum Entzug des Führerscheins und Ordnungshaft geahndet.

Ampelregelung
Die Farbfolge der Ampeln ist Grün - Blinkendes Grün - Gelb - Rot. Das blinkende Grün entspricht unserem „Gelb" und heißt Anhalten.

Busverbindungen
Es gibt ein gutes und vor allem preisgünstiges Netz an Buslinien, was in der Nähe der Großstädte von Interesse sein dürfte, wenn Busse und Bahnen eine gute Alternative zur Fahrt ins Zentrum sind.

Fahrzeug
Für Wohnmobile gibt es nichts Wesentliches zu beachten, was nicht auch in der Heimat gelten würde. Es genügt, den **(EU-)Führerschein** und die **KFZ-Papiere** mitzuführen. Die **Grüne Versicherungskarte** wird allerdings empfohlen. Achten Sie darauf, dass die **Baltischen Staaten ausdrücklich aufgeführt sind** (im Zweifel bei Ihrer Versicherung nachfragen). Es empfiehlt sich zudem der **Abschluss eines Schutzbriefes**, damit im Fall der Fälle, den wir nicht erhoffen, kein großes Problem aus einer Panne wird.

Kleinere Schäden am Fahrzeug können häufig vor Ort repariert werden. Es gibt ein dichtes Netz von Fachwerkstätten der gängigen Marken.

Für Steinschlagschäden hilft eine **Ersatzwindschutzscheibe** aus dem Zubehörhandel für ein paar Euro. Ein Luftdruckmesser ist sinnvoll, um die Reifen beobachten zu können. Wenigstens **1-2 l Motorenöl** zum Nachfüllen bei Bedarf machen auch Sinn, ebenso Abschleppstange/-seil und Werkzeug.

Kraftstoff/Tanken
Das Tankstellennetz ist gut ausgebaut. Längere Strecken ohne Tankstelle gibt es kaum. Doch vor dem Befahren der dünn besiedelten Landstriche sollte geschaut werden, es nicht auf den letzten Liter ankommen zu lassen.

Tanken Sie lieber auch mal nur eine halbe Füllung auf, um nicht irgendwo in der Einsamkeit wegen Spritmangel hängen zu bleiben.
Bleifrei Super heißt 95E (Super Plus 98E), das aus grünen Zapfpistolen sprudelt, wobei das E für bleifreien Sprit steht. Bei Dieselkraftstoff ist es einfacher - er wird mit D bezeichnet oder ganz einfach mit „Diesel" und kommt aus schwarzen Zapfpistolen.

Alle Tankstellen, die ich angesteuert habe, akzeptierten die gängigen Kreditkarten, die Maestro-Karte (früher: ec-Karte) und natürlich Bares.

Außerhalb der Öffnungszeiten steht manchmal, meist in Städten, ein Tankautomat zur Verfügung, der die Nutzung der Maestro- oder Kreditkarte (mit PIN) oder Banknoten erfordert. Freuen dürften Sie sich bei all dem, dass die Kraftstoffpreise um einige Cent günstiger als zu Hause sind.

Parken

Es ist meist kein Problem, einen auch für Wohnmobile geeigneten Parkplatz zu finden. Wobei natürlich die ganz Großen auch hier (wie überall) Einschränkungen in Kauf nehmen müssen. Jeder Meter über die 6m-Klasse hinaus macht die Parkplatzsuche schwieriger, in Städten oft unmöglich. Aber das wissen Sie vermutlich selbst. In Ballungsgebieten finden Sie meist in Zentrumsnähe bewachte, immer häufiger stattdessen auch videoüberwachte Parkplätze.

Schotterstraßen/Nebenstrecken

Je nach Fahrzeugtyp sollte man die Auswahl dieser **Nebenstrecken** kritisch prüfen. In den Routenvorschlägen wird auf kritische Passagen mit einem entsprechenden Hinweis eingegangen. Im Grunde sind auch Schotterstraßen in den meisten Fällen gut befahrbar, wenn man sich mit angepasster Fahrweise darauf einstellt und vorausschauend fährt.

Achten Sie auf Schlaglöcher und „Waschbretter". Schlaglöcher kann es überall geben. Waschbretter kommen verstärkt dort vor, wo vor allem schwere Fahrzeuge bremsen oder beschleunigen, also vor allem an Gefällen, Steigungen sowie vor und nach Kurven.

Halten Sie Abstand zum Vordermann. Bei Gegenverkehr nehmen Sie das **Tempo herunter und fahren möglichst weit rechts**, damit Steinschlag vermieden werden kann. Das gilt besonders, wenn LKWs oder landwirtschaftliche Fahrzeuge entgegen kommen oder man überholt wird.

Sicherheitsgurt

Ist Pflicht. (Bei Kindern bis 12 Jahre zusätzlich ein zugelassenes Rückhaltesystem/Kindersitz, möglichst auf dem Rücksitz).

Sonstiges

Von Dezember bis Ende Februar besteht Winterreifenpflicht wobei die Frist nach Wetterlage verlängert werden kann. Eine Warnweste ist mitzuführen (und bei Bedarf natürlich zu verwenden). Telefonieren am Steuer ist nur mit Freisprechanlage zulässig.

Straßenzustand

Haupt- und Verbindungsstraßen sind meist gut ausgebaut. Als Autobahn bezeichnete Fernstraßen sind nicht immer mit den in der Heimat gewohnten 4- oder 6-spurigen Betonpisten zu vergleichen. In weniger verkehrsreichen Gegenden sind sie eher einer von zu Hause gewohnten Bundes- und Landstraße vergleichbar. Es gibt (selbst auf 4-spurigen Strecken!) Wendestellen oder die Möglichkeit, links abzubiegen. Das kreuzungsfreie Ein- und Ausfahren ist also nicht immer gesichert. Das ist bei starkem Verkehr kritisch und erfordert eine erhöhte Aufmerksamkeit!

Auch an großen Hauptverkehrsstrecken gibt es Bushaltestellen. Oder ein Traktor wird zur Gefahrenquelle. Fußgänger, Radfahrer und (wenn auch mittlerweile nur noch ganz selten) ein Pferdefuhrwerk können selbst auf den Hauptstrecken vorkommen. Und an den Straßenrändern parken, besonders zur Pilz- und Beerenzeit, häufig Autos. Sie finden Campingtische daneben, an denen das Gesammelte zum Verkauf angeboten wird. Daher ist es äußerst wichtig, umsichtig und unter Einhaltung des Tempolimits zu fahren.

Tempolimit

Innerorts gilt in Lettland ein Tempolimit von 50 km/h, außerorts 90 km/h. Auf Autobahnen/Schnellstraßen (erkennbar an grünen Verkehrstafeln) gilt - besondere Ausschilderung vorausgesetzt - abweichend ein Tempolimit von 100 oder 110 km/h. Das gilt für alle, die mit bis zu 7,5 t unterwegs sind.

Baden und Wassersport

An Seen im Binnenland und an den Stränden der Ostsee gibt es zahlreiche öffentliche Badestrände, sogar an den vermeintlich durch Privatgrundstücke „belegten" Ufern. Die Strände sind meist durch ein Schild oder Piktogramm gekennzeichnet und verfügen über Parkplätze, manchmal verbunden mit Picknick- und Zeltplätzen.

In touristisch gut erschlossenen Orten (in den Ballungsgebieten der Großstädte und an den Küsten) gibt es darüber hinaus Frei- und Hallenschwimmbäder, die meist von Mai bis August geöffnet sind, Hallenbäder naturgemäß eher im Winterhalbjahr. Die Eintrittspreise sind günstiger als zu Hause.

Darüber hinaus werden in den Routenvorschlägen einige Badeorte beschrieben, wo ein Rundum-Wohlfühltag eingelegt werden kann, zumal das günstiger ist als zu Hause.

An Seen und Flüssen finden Paddelbegeisterte zahlreich die Gelegenheit, Ihrem Hobby nachzugehen.

Foto: Peter Schuberth

Campingplätze

Die Anzahl von Campingplätzen mit westlichem Standard ist binnen weniger Jahren stark verbessert worden. Meist ist die Sommer-/Hauptsaison der Campingplätze kürzer als zu Hause, sodass sie meist nur von ca. Mai bis Ende August/Anfang September geöffnet sind, nur wenige auch ganzjährig.

Teils finden Sie Plätze mit einfachem Standard vor, die teils mit Dusche/WC oder einfachen Zusatzausstattungen verbessert wurden.

Das Preisniveau ist für fast alle Plätze geringer, als wir es aus Mitteleuropa gewohnt sind. Kalkulieren Sie ca. € 10 bis15 pro Wohnmobil und Nacht inklusive 2 Personen, in Ballungsgebieten etwa € 5,00 mehr.

Duschen und Stromanschluss werden teils separat berechnet, teils sind sie im Preis enthalten. Darauf gehe ich im Text ein, wobei hier Veränderungen nicht ausgeschlossen werden können, da in die Infrastruktur der Plätze stetig investiert wird und sich im Zuge dessen Preisanpassungen ergeben.

Es gibt zudem eine große Zahl „alter" Campingplätze/Zeltplätze, die teils kostenfrei, teils für wenig Geld genutzt werden können, auch wenn dies seltener der Fall ist, als in Litauen und Estland. Sie bieten meist nur Minimalausstattung mit Trockentoilette sowie Picknick- und Grillstellen, manchmal noch einen Pumpbrunnen (dessen Wasserqualität nicht immer einwandfrei ist). Diese Plätze bezeichne ich eher als Picknickplätze. In manchen Naturparks wird durch Ranger eine geringe Gebühr fürs Parken kassiert. Die Ausschilderung ist oft das unter „Freie Übernachtung" abgebildete Schild.

Viele, aber nicht alle beschriebenen Campingplätze sind im Campingverband Lettlands organisiert. Dessen Campingplätze erfüllen durchweg gute Ausstattungsmerkmale, die einen unbeschwerten Aufenthalt erlauben.

Informationsadresse:
Latvijas Kempingu asociācija
„Apaļkalns", Raiskuma pagasts
Pārgaujas novads, Latvija, LV-4146
Tel: +371 22008808
mailto: info@camping.lv - www.camping.lv

Diplomatische Vertretungen

Botschaft der Bundesrepublik Deutschland
Vācijas vēstniecība
Raina Bulvaris 13
1050 Rīga
Lettland
Tel.: +371 67 08 51 00
Fax: +371 67 08 51 49
info@riga.diplo.de
www.riga.diplo.de
Postanschrift:
Postfach 186
1050 Rīga

Botschaft der Schweiz
Alle konsularischen Dienstleistungen werden durch das Regionale Konsularcenter Baltische Staaten in Riga erbracht, das der dortigen Schweizerischen Botschaft angegliedert ist.

Regionales Konsularcenter Baltische Staaten Riga
c/o Embassy of Switzerland
Elizabetes iela 2
1340 Rīga/Latvia
Tel. +371 67 33 83 51 / 52 / 53
baltischestaaten@eda.admin.ch

Österreichische Botschaft
Österreichische Botschaft Rīga
Elizabetes iela 15, Rīga, LV-1010, Lettland
Tel: (+371) 672 161 25
mailto: riga-ob@bmeia.gv.at

Fahrrad fahren

Die baltischen Staaten sind ein prima Ziel für Fahrrad-Fans! Durch die flachen, im Landesinneren teils auch hügeligen Landschaften ist das Fahrrad ein ideales Verkehrsmittel, um viel von Land und Leuten bei gemäßigter Geschwindigkeit zu erleben.

Nebenstrecken sind häufig gut mit dem Fahrrad zu befahren, da es nur eine geringe Verkehrsdichte gibt. An den Küsten sind teils auch spezielle

Küstenradwege gebaut worden. In den Nationalparks wird ein immer besseres Radwegenetz angelegt, das auch (meistens) recht gut ausgeschildert ist. Die Informationszentren der Nationalparks halten darüber gutes Karten- und Informationsmaterial bereit.

Fotografieren/Filmen

Lettland bietet eine vielfältige Landschaft mit einer prächtigen, fast unberührten Natur. Die alten Städte, Burgen und Schlösser geben ebenfalls unzählige Motive für schöne Fotos her.

Deshalb sollten Sie sich von zu Hause genügend Speicherkarten für Ihre Digitalfotos mitnehmen oder die Möglichkeit haben, Bilddateien auf Ihren Laptop oder andere geeignete Speichermedien zu laden.

In den größeren Städten finden Sie gut sortierte Fotogeschäfte. Jedoch sind die Preise nicht günstiger als zu Hause und das Angebot dünner.

Wenn Sie sich noch zu den Freunden der Analogfotografie zählen, sollten Sie genügend Filme mitnehmen, denn hierfür finden Sie kaum noch Geschäfte. Ein Polfilter lässt die Farben noch brillanter werden. Und ein Reinigungsset für Ihre Kamera leistet gute Dienste, denn Staub, Sand und Salzwasser setzen Kamera und Gehäuse ordentlich zu. Daher ist eine gute Fototasche unbedingt zu empfehlen.

Freie Übernachtung/Sicherheit

Es gibt, wie bereits unter „Campingplätze" erwähnt, in Lettland zahlreiche einfache Zelt- und Picknickplätze. Dort ist es gängig, zu zelten oder mit Wohnwagen und Wohnmobil zu stehen. Ausgeschildert sind diese Plätze häufig mit dem nachstehenden Verkehrszeichen. In den National- und Naturparks ist das „wilde Camping" nur an diesen ausgewiesenen Plätzen zulässig. Außerhalb wird in der Praxis auch auf geeigneten öffentlichen Parkplätzen die freie Übernachtung für eine Nacht meistens toleriert. Häufig finden sich auf Picknickplätzen **Trockentoiletten**, die leider oft als Mülleimer missbraucht werden. Oft werden diese durch Chemietoiletten ersetzt.

Selbstverständlich dürfte sein, Abfälle nicht liegen zu lassen. Bitte nehmen Sie diese wieder mit und entsorgen Sie den Abfall in die aufgestellten Mülltonnen, die Sie meistens vor Ort, aber auch bei Supermärkten finden. Herumliegender Müll ist nicht nur für uns Menschen unansehnlich und unhygienisch. **Für Wildtiere ist er eine tödliche Gefahr mit qualvollen Folgen!**

Ein unter Reisenden viel diskutiertes Thema sind die in den baltischen Staaten oft auf diesen freien Stellplätzen/Picknickplätzen stattfindenden lautstarken Feste, besonders an Wochenenden im Sommer. Da und dort kann es einem schon mal unwohl sein, wenn der Lautstärke- und Alkoholpegel steigt. Dies kann das Naturerlebnis deutlich beeinträchtigen. Allerdings möchte ich deutlich darauf hinweisen, dass ich niemals gravierende Belästigungen oder gar Bedrohungen erleben musste.

Beachten Sie aber, dass Sie Gäste in den Ländern sind, nicht umgekehrt. Es hat im Baltikum Tradition, ausgelassen in der Natur, speziell auf diesen Picknickplätzen zu feiern. Es wurde mir mehrfach erläutert, dass man die jahrzehntelange Unterdrückung und Bevormundung satt habe und nicht alles und jedes zu reglementieren versuche.

Im Zweifel sollten Sie etwas abseits stehen. Ein Lächeln oder nachbarschaftlicher Gruß (vielleicht das Mitfeiern) helfen weiter, als Einheimischen sagen zu wollen, wie sie sich zu verhalten haben. Mehrfach schon wurden meine Familie und ich schon spontan zum Grillen eingeladen und verbrachten einen herrlich lustigen Abend mit Einheimischen.

Mit Blick auf Ihre **Sicherheit** ist es an der Zeit, mit überholten Klischees aufzuräumen. Selbstverständlich sollten Sie die grundlegenden Sicherheitsvorkehrungen ergreifen, wie in anderen Ländern auch. Dann sind Sie **in Lettland jedoch genauso sicher, wie anderswo**. Wenn Ihnen Negatives zu Ohren kommt, sind das absolute Ausnahmen. Und wie überall sonst, gibt es auch in Lettland in Ballungsräumen verstärkt die Tendenz zur Kleinkriminalität. Doch habe ich mich insgesamt nirgends unwohler oder unsicherer gefühlt, als in anderen Reiseländern auch.

Frischwasser

Oberstes Gebot ist angesichts der nicht überall gleich guten Wasserqualität, dem Frischwassertank ein Entkeimungsmittel auf Chlorbasis (Desinfektion) und/oder mit Silberionen (zur längeren Haltbarkeit) beizugeben.

In den Touren gehe ich zahlreich auf Wasserentnahmestellen ein. Erwarten Sie aber kein Angebot, wie Sie es von zu Hause gewohnt sind. Meistens finden sich die Zapfstellen auf Campingplätzen. Hier und da wurden aber auch Quellen eingefasst oder Sie finden öffentliche Trinkwasserbrunnen. Wenn ich solche gefunden habe, sind diese im Routentext erwähnt.

Die Nachfrage an der Tankstelle führt eher selten zum Ziel. Die Leute trinken auch dort nur Mineralwasser, das im Supermarkt in 5-Liter-PET-Flaschen gekauft wurde. Wasserhähne sind an der Tankstelle häufig nicht vorhanden oder sind nicht für Trinkwasser geeignet. Doch bin ich - auch bei mehreren wochenlangen Reisen - durchweg ohne die Flaschen aus dem Supermarkt hingekommen. Ich habe nur eine Flasche als „Notreserve" gekauft und ansonsten jede sich bietende Gelegenheit genutzt, Frischwasser aufzufüllen. Eine „Sichtprobe" mit einem sauberen Glas macht allerdings immer Sinn. Und ich verwendete immer die schon erwähnten Wasserentkeimungsmittel. Auf diese Weise konnte „Montezumas Rache" bislang immer vermieden werden.

Oft hilft auch die Frage beim Personal einer Gaststätte, bei einem Bauernhof etc. und bei Tourist-Informationsbüros weiter. Eine freundliche Nachfrage kostet bei den hilfsbereiten Gastgebern nichts - und das Wasser (meistens) auch nicht, selbst wenn es uns auf einem Bauernhof mühevoll mit dem Eimer aus dem Tiefbrunnen geschöpft wurde (... wobei eine kleine Aufmerksamkeit in solchen Fällen sicher angebracht ist).

Gasversorgung

Wer einen Gastank oder Gastankflasche an Bord hat, ist auf der sicheren Seite, denn nahezu jede Tankstelle in Lettland ist auch eine Gastankstelle (LPG). Doch auch mit der üblichen Gasflasche sieht das in Lettland gut aus, obwohl dank europäischer Gesetze nicht mehr jede Tankstelle die Flaschen füllen darf. Doch technisch ist es kein Problem, wenn Sie ein Flaschen-Füll-Set (kostet zwischen € 15 und 20 im Campingfachhandel) mitführen.

Fragen Sie an Tankstellen nach, dann werden Sie die nächste Füllstation benannt bekommen. Der Preis für das Gas ist übrigens etwas günstiger, als zu Hause.

Besonders gut ist in Lettland diesbezüglich die Firma **Latvijas Propāna Gāze** aufgestellt, die in verschiedenen Städten Niederlassungen unterhält und dort deutsche (graue) und andere Gasflaschen mit einem Adapter auffüllt, wobei die Gasfüllung auch hier etwas günstiger ist, als zu Hause. Sie finden diese an folgenden Adressen:

- **Rīga**: Zila iela 20 (**GPS** N57 01 18.1 E24 05 02.2)
- **Valmiera**: Cempu iela 12 (**GPS** N57 31 03.1 E25 27 16.5)
- **Daugavpils**: Jelgavas iela 2 (**GPS** N55 52 01.7 E26 34 12.7)

(Adresse Daugavpils zwar außerhalb der Routen dieses Buches, aber hilfreich, wenn das Gas zur Neige geht).

Noch günstiger kommen Sie jedoch hin, wenn Sie sparsam mit dem Brennstoff umgehen. Gastankstellen, aber auch die (allerdings wenigen) Campinghändler wissen notfalls über die nächste Füllstation Bescheid.

Gesundheit/Ärztliche Versorgung/Apotheken

Lettland ist ein EU-Land. Und damit sind keine größeren Probleme zu erwarten, wenn der Fall der Fälle eintreten sollte und Sie einen Arzt benötigen. Dennoch sollten Sie eine Auslandskrankenversicherung abschließen, damit Sie sich nicht mit der Abrechnung herumschlagen müssen oder gar auf Ihren Kosten sitzen bleiben. Generell sollten Sie natürlich die Auslandskrankenversicherungskarte Ihrer Krankenkasse haben. Bewahren Sie Belege einer Arztbehandlung für die spätere Abrechnung auf.

Dringend empfohlen wird vor der Reise die Impfung gegen FSME, um die schlimmste Folge eines Zeckenbisses vermeiden zu können.

Haustiere

Ihre Vierbeiner dürfen mit Ihnen ins Baltikum einreisen, wenn der Europäische Heimtierpass, ein internationaler Impfpass mit den gültigen Impfungen (Tollwut mind. 30 Tage, max. 1 Jahr alt) und das tierärztliche Gesundheitszeugnis (max. 30 Tage alt) vorgewiesen wird. Für andere Tiere fragen Sie am besten im Vorfeld den Tourismusverband, die Botschaft oder Ihren Tierarzt.

WICHTIG: Leider wird den Vierbeinern oft der Zutritt zu Stränden, Parks und Campingplätzen verwehrt. Auch wenn das die Einheimischen wenig schert und vor allem streunende Hunde gerade dort mit großer Genugtuung ihr Häufchen fallen lassen, sollten Sie Fingerspitzengefühl walten lassen. Nehmen Sie immer einen Beutel mit, um den Hundekot aufnehmen und entsorgen zu können. Das ist ohnehin sinnvoll, hilft aber im Zweifelsfall auch mal weiter, damit ein „Offizieller" ein Auge zudrückt und 'Fifi' gewähren lässt.

In öffentlichen Verkehrsmitteln ist die Situation auch etwas schwierig. Offiziell werden Hunde häufig nicht akzeptiert. Doch zeigt meine Erfahrung, dass es hilfreich ist, einen Maulkorb dabei zu haben. Das beruhigt das Fahrpersonal ungemein und erspart Ihnen Diskussionen.

Kleidung

Im Sommer gehören leichte Sommerkleider ins Gepäck, aber auch Regenkleider, Pullover, warme Socken, angesichts steifer Seebrise auch Handschuhe, Mütze und gutes Schuhwerk. Zwar habe ich die warmen Sachen im Sommer auch in den baltischen Ländern noch nie wirklich benötigt, doch in den nördlichen Gefilden kann es schon mal kühl werden, wenn das Wetter umschlägt oder man am Abend draußen den Abend genießt. Da der baltische Sommer ausgesprochen schön sein kann (wenn **Sie** reisen sowieso!), gehören Sonnenschutz (Kopfbedeckung, Sonnencreme) und ein Mückenschutzmittel dazu. Badesachen sind natürlich immer angesagt - an der Ostsee der herrlichen Sandstrände und im Binnenland der zahlreichen, schönen Seen wegen.

Klima/Wetter/Reisezeit

Lettland ist vom kontinentalen Klima mit maritimen Einflüssen geprägt. Das bedeutet, dass der Sommer sehr heiß und beständig schön werden kann (ich erlebte 2014 den Rekordsommer in Lettland mit Höchsttemperaturen von um die 35° C!). Temperaturen um oder deutlich über 30° C sind also nichts Besonderes.

Wenn aber das Wetter umschlägt, kann es allerdings schon mal empfindlich kühl werden. Die arktischen Breiten sind halt näher als zu Hause. Warmen Sommertagen folgen in der Regel angenehm kühle Nächte. Genau das macht das Reisen angenehm, denn man schläft dann auch besser.

Lebensmittel/Getränke

Sie können in bestens sortierten Supermärkten einkaufen wie zu Hause. Die Preise sind dabei differenziert zu betrachten. Westliche Waren sind teils sogar teurer, als zu Hause, was eigentlich auch konsequent ist, wenn man die Transportkosten berücksichtigt. Doch einheimische (also lettische) Waren und diejenigen aus den östlichen Nachbarstaaten sind günstiger als zu Hause.

Die Qualität der Waren und Lebensmittel ist durchweg gut. Es besteht also keine Notwendigkeit, zu Hause größere Mengen an Lebensmitteln zu bunkern. Sie erhalten alles (wirklich alles!) vor Ort. Na ja - eine Ausnahme vielleicht: Das gute Tröpfchen Wein sollten Weinliebhaber vielleicht von daheim mitnehmen, denn diesbezüglich ist das Angebot in Lettland nicht überall so üppig. Und in Lettland steht man beim guten Tropfen (auch Sekt) eher auf süßliche, liebliche Sorten. Wer trocken ausgebaute Weine bevorzugt, sollte daheim vorsorgen. Jedoch sind diese bei näherem Hinschauen vermehrt auch in guten lettischen Geschäften zu erhalten.

Literatur/Landkarten

Dieser Wohnmobil-Reiseführer kann und will Ihnen keine vollständige Information über jeden Winkel Lettlands geben. Vielmehr versteht sich dieses Buch als Orientierung aus unserer Praxis für Ihre Wohnmobilreise. Ergänzend empfehle ich Ihnen, gezielt geeignete Literatur bzw. Landkarten je nach Ihren Vorlieben zu ergänzen. Mit folgenden Büchern habe ich gute Erfahrungen gemacht:

- Ein rundes Angebot, bestehend aus je einem Reiseführer, dem Kauderwelsch-Sprachführer und einer Landkarte für alle drei baltischen Länder (1:325.000) sowie ein Gesamtblatt (1:600.000) bietet der Reise Know How Verlag. Die Straßenkarten bestechen durch ihr „unkaputtbares" Papier.
- Für Fahrradfreunde gibt es zwar einzelne Bücher, die sich aber weitgehend für Radtouristen eignen, die längere Fernrouten radeln. Die regionalen Fremdenverkehrsämter geben zudem Tourenvorschläge heraus, die Sie sich jeweils vor Ort/nach Bedarf holen sollten.
- Wanderliteratur aus den gängigen Reiseverlagen ist leider (noch?) nicht verfügbar. Hier sollten Sie sich an die Fremdenverkehrsämter halten, sofern die Wandertipps aus diesem Buch Ihnen nicht ausreichen. Doch erhalten Sie auch in diesem Buch einigei Wandertipps, um in Bewegung zu sein.

Netzspannung - Stromanschluss

Wie in Europa üblich beträgt die Netzspannung 230 V/50 Hz. Einen Stromanschluss können Sie fast auf allen Campingplätzen erwarten. Dort finden Sie meist Schuko-Stecker vor, manchmal auch die üblichen 3-poligen Anschlussstecker, die wir von zu Hause im Campingbereich kennen. Doch sollten Sie ein mindestens 10-15 m langes Kabel dabei haben, einige Meter mehr sind immer von Vorteil.

Notruf und Pannenhilfe

Europäisch einheitlicher Notruf (Polizei/Rettungsdienst/Feuerwehr): 112

Tourist-Informationen/Reisevorbereitung

Zahlreiche gute Tipps für die Reisepraxis erhalten Sie vorab vom **Lettischen Fremdenverkehrsamt**. Am einfachsten klicken Sie ins Internet oder senden eine e-Mail dorthin:

Fremdenverkehrsamt Lettland
Tūrisma attīstības valsts agentūra
Brīvības iela 55
1519 Rīga
Lettland
Tel.: +371 67 22 99 45
Fax: +371 67 35 81 28
travel@visitlatvia.lv - www.visitlatvia.lv/en

Gute Auskünfte und Prospekte zu den jeweiligen Regionen erhält man auch vor Ort in Tourist-Informationen vor Ort. Gerne hilft man dort bei der Vermittlung geführter Wanderungen, Reittouren etc. oder berät ausführlich, welche Unternehmungen auf eigene Faust möglich sind (Wandern, Besichtigungen, sonstige Informationen). Außerdem werden Wander- oder Straßenkarten sowie Postkarten, oft auch Souvenirs angeboten.

In den Routenvorschlägen verweise ich häufig auf die Möglichkeit, wie Sie mit den jeweiligen Büros telefonisch, per Fax oder eMail in Verbindung treten können. Die zitierten Websites sind überdies hilfreich und informativ.

Vorbereitung des Fahrzeugs

Vergessen Sie nicht, Ihr Auto vor Reiseantritt zum Urlaubscheck in Ihre Werkstatt zu bringen.

Restaurants

Essen gehen ist meist deutlich günstiger, als zu Hause. Mittlerweile muss man aber das Wort „meist" betonen. Häufig erhält man ein gutes, kräftiges Essen im mittleren Preissegment noch für unter € 10,00 (nach oben natürlich keine Grenzen). Auf dem Land ist es manchmal noch günstiger, wenn man bewusst nach regionalen, traditionellen Speisen fragt. Das gilt auch für die Getränke.
Sehr preiswert, qualitativ aber durchaus ansprechend, sind Selbstbedienungstheken in großen Supermärkten, wo man oft preiswerte, frisch zubereitete Speisen (oft unter € 3,00-5,00) zum Mitnehmen erhält.

Spezialitäten des Landes
Die Küche kann in Lettland am treffendsten mit bodenständig, deftig und kräftig beschrieben werden. Vergessen Sie, was Sie unter Diät verstehen - man ist ja im Urlaub. Das heißt aber auch, dass die angebotenen Speisen in Restaurants saisonal unterschiedlich aussehen - je nach dem, was der Markt gerade hergibt.

Fast obligatorisch, sind Kartoffeln in allen denkbaren Varianten von den wohl überall angebotenen Pommes Frites über Salz -und Bratkartoffeln bis zum Gratin.

Schweinefleisch ist ein Hauptbestandteil auch in der lettischen Küche. In Küstennähe und an den Seen erhalten Sie selbstverständlich auch ein breites Angebot an Fisch. Ob mit oder ohne Gemüse (häufig Kraut, Karotten etc.) - ein Schlag Sauerrahm und Rote Beete dürfen meist nicht fehlen.

Das gute, haltbare und kräftige Roggenschwarzbrot habe ich schätzen gelernt. Es wird gerne mehr oder weniger mit Kümmel versehen.

Typisch sind Graue Erbsen mit Speck, mit Speck gefüllte Pasteten, Rīgaer Sprotten, Räucherfisch. Und als Getränk - auch hier wird gerne Bier getrunken. Und das schmeckt richtig gut! Und wenn es mal etwas Hochprozentiges sein darf: Rīgas Balzam ist ein kräftiger Kräuterschnaps, der gerne als Mitbringsel dient (oder auch unterwegs mundet).

Trinkgeld

Es ist üblich, guten Service durch ein angemessenes Trinkgeld zu honorieren. Die Praxis ist vergleichbar mit Deutschland.

Sehenswürdigkeiten/Museen

Museen sind meist Dienstag bis Sonntag ca. 9-18.00 Uhr geöffnet. Montag ist normalerweise Ruhetag, oft wird über Mittag geschlossen. Ausnahmen sind in den Hauptorten des Tourismus die größeren Einrichtungen, wo während der Haupturlaubszeit (Juni-August) oft täglich geöffnet wird.

Sprache, Verständigung

Die lettische Sprache wird uns deutschsprachigen Gästen völlig fremd vorkommen. Es mag Sie aber beruhigen, dass man auch in Lettland meist problemlos mit Englischkenntnissen, häufig auch mit Deutsch durchkommt.

Telefonieren/Internet/Presse

Die internationalen Vorwahlen lautet +371. Dann folgen die Anschlussnummer und die Durchwahl.

Vorwahl für Ihren Anruf nach Hause: Nach Deutschland 0049 (Schweiz 0041 und Österreich 0043) - die „0" der Vorwahl ist dann wegzulassen.

Gängig ist das Telefonieren mit dem „Handy" (GSM-Netz). So können Sie Ihr Mobiltelefon auch im Baltikum verwenden - mit entsprechenden Roaming-Gebühren natürlich, wobei diese in der EU ja deutlich günstiger geworden sind. Bei längeren Aufenthalten empfiehlt sich die Überlegung, vor Ort eine SIM-Karte (prepaid) zu erwerben. Oder prüfen Sie die vielfältigen Europa-Angebote verschiedener Anbieter zu Hause im Vorfeld.

Fast auf allen Campingplätzen finden Sie„WiFi-Zonen", wo Sie gegen eine moderate Gebühr oder meist kostenlos (WiFi) im Netz surfen können. Dafür erhalten Sie - selbst in den Hauptstädten, kaum deutsche Zeitungen. Auf die tägliche Lektüre einer deutschsprachigenTageszeitung sollten Sie sich nach dem Urlaub freuen.

Währung und sonstige Zahlungsmittel

Das Thema hat sich erledigt: Seit 2014 gilt auch in Lettland der Euro als gesetzliches Zahlungsmittel. Damit wurden auch Kartenzahlungen günstiger, da das Entgelt für den Auslandseinsatz entfällt.

Fast überall können Sie auch Kleinbeträge mit Kreditkarten bezahlen. Seien Sie beim Bargeld sparsam - Sicherheitsgründe gehen vor Bequemlichkeit

Wandern

Wandern ist hier vielleicht eher und treffender mit Spazierengehen zu beschreiben. Häufig finden sich interessante Pfade, oft in einsame Moore, endlose Märchenwälder oder entlang der Küsten.

Viele Tipps sind in den Routen beschrieben. Ergänzende Infos erhalten Sie bei den Fremdenverkehrsämtern. Schweißtreibende Anstiege sind die Ausnahme, weil Mutter Natur hier die Berge vergessen hat. Das heißt aber nicht, dass Sie das Wandern aus den Urlaubsplänen streichen sollten - im Gegenteil. Schweren Bergstiefel können Sie getrost zu Hause lassen. Leichte Wanderschuhe sind die bessere Wahl.

Zeitzone

In Lettland gilt Osteuropäische Zeit (entspricht Mitteleuropäische (Sommer-)Zeit + 1 Stunde!) Die Umstellung auf Sommer- bzw. Winterzeit entspricht jeweils der Praxis in Deutschland bzw. in Österreich/Schweiz.

Zoll- und Einreisebestimmungen

Das Schengen-Abkommen macht die Einreiseformalitäten überflüssig. Als EU-Bürger ab 16 Jahren genügt der Personalausweis oder Reisepass, für Kinder ein gültiger Kinderausweis mit Lichtbild. An Bord haben müssen Sie natürlich die Fahrzeugpapiere/KFZ-Schein.

Für die Einfuhr von Haustieren und Lebensmitteln gelten die üblichen Regelungen innerhalb der EU-Länder

Zum Schluss

Die Buchreihe MOBIL & AKTIV ERLEBEN - WOHNMOBIL-Reiseführer lebt von Erfahrungen aus der Praxis für die Praxis. Wenn Sie Hinweise und Vorschläge geben können und möchten, wie wir die Bücher entsprechend Ihren Vorstellungen noch besser gestalten können, kommen Sie bitte auf uns zu.

Wir sind gerne auch offen, wenn Sie Interesse haben, die Buchreihe zu erweitern. Wenn Sie sich mit den eingangs festgehaltenen Unternehmensgrundsätzen identifizieren und selbst kreativ werden möchten, **können Sie als Autor eines solchen Wohnmobil-Reiseführers aktiv werden**.

Sprechen Sie uns einfach an. Sie erreichen uns am leichtesten **per eMail unter verlag@mobil-und-aktiv-erleben.de oder per Post.**

Weitere Hinweise auf Interessantes dieses Verlages sowie auf das wachsende Angebot von Büchern dieser Reihe finden Sie im Internet unter **www.mobil-und-aktiv-erleben.de**. Dort können Sie sich informieren, für welche Bücher wir gerade recherchieren. Oder Sie bestellen einfach unseren M&AE Newsletter. So sind Sie immer informiert über all das, was wir gerade recherchieren und über wichtige Neuigkeiten in und zu unseren Büchern.

Unser Online-Buchshop bietet die jeweils aktuellste Übersicht über unser Buchprogramm und interessante zusätzliche Literatur.

Mit diesen Hinweisen sind Sie gut gerüstet für einen erholsamen und erlebnisreichen Urlaub in Lettland.

Und nun wünsche ich allseits eine gute Reise!

Stichwortverzeichnis

INDEX